地域の政策と科学

伊藤力行
寺本博美 [編著]

和泉書院

プロローグ

　本書は、三重中京大学地域社会研究所開設20周年および大学院政策科学研究科開設10周年を記念する合同事業の一環として編集され、刊行されたものです。ふたつの教育研究機関は、「地域に開かれた大学」、「地域に生きる大学」、「地域の知の拠点」として専門的な立場から、地域の学術を高め、人材を育てることを目的に開設され、それぞれが節目の年を迎えました。

　地域社会研究所では、近年、大学と地方自治体（松阪市、大紀町）や民間企業（百五銀行、第三銀行）、民間団体（三重県中小企業団体中央会、三重県商工連合会、松阪商工会議所）との提携のなかで、客員研究員の研究の場として、あるいは自治体職員の方の研修の場として、大きな役割を果たしています。

　大学院政策科学研究科では、昼夜開講の大学院として昼間勤務する社会人に配慮した時間割が編成される一方、1999年度に博士後期課程が設置され、高度の専門職業人の要請ばかりでなく社会人研究者養成の場として、地域の人材育成に努めています。大学院開設以来、2年間の修士課程を松阪市職員研修のひとつの公式のシステムとして組み入れてきたことは特筆に値します。

　ふたつの教育研究機関は、それぞれが固有の目的を追求しながらも密接に関連をもち、本学の教員が所員として、大学院担当の教員として、また両機関の構成員として活動しています。両機関がひとつの分野に特化した機関ではなく総合的あるいは学際的であることを特徴とするところから、本書の執筆者の専門分野はそれぞれ異なっています。こうした事情もあり、本書は、一定の問題に絞った専門書（monograph）としてではなく、地域社会に関連する問題を理論的な視点から、あるいは歴史的な視点から、また実践的な視点から、さらに時論として取り上げて、論及しています。

　本書のタイトルを『地域の政策と科学』とした背景は、学部に地域経営学科

(現在は校名変更とそれにともなう学部改組で廃科)を新設したとき、大学院政策科学研究科を開設したとき、さらに学部名を政策学部(現在は現代法経学部)に変更したときの事情に遡ることができます。すなわち、リージョナル・サイエンス (Regional Science) を、地域計画を進めるうえの新しい経済学的アプローチとしてわが国に紹介し、「日本地域学会」で活躍された笹田友三郎初代研究科長の『地域の科学』(紀伊国屋、1964) に因んでいます。もちろん、タイトルに相応しい内容であるかどうかは、論文間に粗密や手法の相違があったり、文章の速度に大きな違いがあったりで、決して及第点をいただけるものではないかもしれません。しかしながら、本書への寄稿を予定され、それを何よりも楽しみにしておられた笹田先生のことを思えば、それに甘んじてお許しをいただければと思います。本書の刊行を待たずに逝かれたことは，誠に残念であります。

　時代は、政策への関心と地方分権の推進に見られるように地域再生とそのための人材育成を求めています。地域の関係者の方々のご理解と多大なご支援のなかで、地域社会研究所と大学院政策科学研究科は、つぎの節目を迎えるためのステップを踏み出しました。関係者各位に厚くお礼を申し上げるとともに、本書が、新しい未来の道標のひとつとなれば、これ以上の幸せはありません。

　本書の出版に際しては，地域社会研究所の西村高雄顧問、岡喜理夫事務長および和泉書院にお世話になったことに感謝します。

　なお、記念事業は、他に、地域社会研究所では、シンポジウム「地域と安全―国の役割・地域の役割」(パネラー：森本敏拓殖大学教授、志方俊之帝京大学教授、中村吉利内閣官房内閣参事官、平口愛一郎総務省消防庁国民保護室長、コーディネーター：浜谷英博本学教授)が行われ、『地域社会研究所所報20周年記念号』が刊行されています。大学院政策科学研究科では、佐々木毅学習院大学教授(前東京大学総長)による記念講演(演題：政治と政策〜主体・組織・リソースにそくして)が行われました。また、佐々木先生の講演録を収

めた、大学院関係者や修了者たちの寄稿文を中心とした『大学院政策科学研究科開設10周年記念誌』が編纂されました。あわせて読んでいただければ幸いです。

伊藤　力行
地域社会研究所長

寺本　博美
政策科学研究科長

目　次

プロローグ

第1章　民主主義の政策科学―ポスト実証主義者としてのラスウェル―
菊池　理夫

1　はじめに……………………………………………………………………1
2　わが国におけるラスウェルの政策科学の評価…………………………2
3　ラスウェルによる政策科学の提唱と組織化……………………………4
4　ポスト実証主義としての民主主義の政策科学…………………………14
5　終わりに……………………………………………………………………17

第2章　公共部門分析モデルの展開―最適経済モデルと経営者モデル―
寺本　博美

1　はじめに……………………………………………………………………21
2　政策決定の現実と問題……………………………………………………23
3　政策実施主体の誘因と帰結………………………………………………30
4　結論…………………………………………………………………………35

第3章　河村瑞賢にみる政策企画の知恵
相原　正

1　はじめに……………………………………………………………………41
2　河村瑞賢という人…………………………………………………………42
3　東西航路の政策企画における瑞賢の知恵………………………………43
4　淀川治水事業にみる瑞賢の知恵…………………………………………46
5　むすびにかえて……………………………………………………………48

第4章　地域ブランドと地域活性化—概念と事例から考える—　　伊藤　力行
　　大西　正基
　　木平　幸秀

　1　はじめに……………………………………………………………57
　2　地域ブランドの概念………………………………………………58
　3　地域ブランドの定義………………………………………………63
　4　地域ブランドの地域経済活性化への効果………………………64
　5　三重県の地域ブランドとその現況………………………………67
　6　経済団体の役割—商工会の事例—………………………………71
　7　自治体の役割—松阪牛の事例—…………………………………75
　8　結語…………………………………………………………………79

第5章　中国における環境経済政策の課題　　野上　健治

　1　はじめに……………………………………………………………85
　2　中国における経済発展と経済政策の課題………………………87
　3　中国における環境問題の実態とその課題………………………97
　4　まとめに代えて—中国の接続可能な発展のために—………… 105

第6章　会社法における会社非訟事件　　森　光雄

　1　はじめに…………………………………………………………… 109
　2　会社法制定前の商事非訟事件…………………………………… 110
　3　商事非訟事件の手続規定の問題点……………………………… 112
　4　会社非訟事件の手続規定………………………………………… 114
　5　検討………………………………………………………………… 117
　6　おわりに…………………………………………………………… 127

第7章　第2回総選挙における三重県第6区（伊賀地方）の情勢
　　　―日本初期選挙史の研究（5）―　　　　　　　　　　上野　利三

　1　はじめに……………………………………………………………… 131
　2　二人の候補者―立入奇一と福地次郎―…………………………… 133
　3　第6選挙区における序盤戦―候補者の地盤固め―………………… 135
　4　選挙中盤戦の情勢…………………………………………………… 140
　5　選挙終盤の情勢と郵便局長会議事件による急転………………… 145
　6　投票、及び選挙会…………………………………………………… 158
　7　結びにかえて………………………………………………………… 162

第8章　超高齢社会で定年後をどう生きるか―実践体験を中心に―
　　　　　　　　　　　　　　　　　　　　　　　　　　　阪上　順夫

　1　はじめに……………………………………………………………… 165
　2　世界一の長寿国となったが………………………………………… 165
　3　まず健康・・一生青春……………………………………………… 167
　4　働く・・生涯現役…………………………………………………… 168
　5　楽しむ・学ぶ………………………………………………………… 171
　6　百までピンピン・・悔いなく……………………………………… 174

執筆者一覧

第1章　民主主義の政策科学
―ポスト実証主義者としてのラスウェル―

菊 池 理 夫

1　はじめに

　ハラルド・D・ラスウェル（1902-78）は、20世紀アメリカを代表する政治学者であり、実証主義的な行動主義政治学を打ち出していく「新シカゴ学派」の代表者の一人として、またフロイトの精神分析学の方法を政治学に導入した一人として著名である。しかし、彼の政治学に比べると、彼が学際的な「政策科学（policy sciences）」をいちはやく提唱し、その基礎づけをしたことは、わが国の政治学で論じられることは少なく、とりわけ、それが何よりも「民主主義の政策科学」であり、しかも「ポスト実証主義」的側面もあることは、あまり理解が進んでいないと思われる。ただ、アメリカにおいても、ラスウェルの政策科学のこのような側面が再評価されるのは1980年代からであり、90年代以後に本格化する。

　本稿では、まず第1節において、日本の政治学や政策科学（公共政策学）における、ラスウェルの政策科学の評価を概観する。次に、第2節において、彼の政策科学をその提唱期からあとづけ、その特徴や歴史的コンテクストを明らかにする。さらに、第3節において、現在では政策科学の「新しいパラダイム」であるとも呼ばれる「民主主義の政策科学」の創始者として、ラスウェルが注目されていることを示し、彼の政策科学の現在における意義を明らかにしたい。

2 わが国におけるラスウェルの政策科学の評価

　ラスウェルの政策科学やその評価に関して、日本の政治学の公共政策研究では、論じられこと自体が少ない。政策科学を特集した『日本政治学年報』の『政策科学と政治学』では、3本の論文のうち、山川雄巳がアメリカの政策研究の流れのなかで、ラスウェルに簡単に触れている程度である［山川（1983）pp. 9-10］。近年、政策科学や公共政策学をタイトルにする著作や論文集がかなり出版されているが、ラスウェルの、あるいはラスウェル的な「民主主義の政策科学」を議論しているのも、後で取り上げるのを除いて極めて少ない。政治理論や政治思想の観点からでも、ラスウェルの「民主主義の政策科学」が評価されることはほとんどない。『日本政治学年報』（1950年）の『政治学』において、丸山眞男によるラスウェルの『権力と人格』の詳しい紹介があり、その「民主主義の政策科学」にもかなり言及しているが、その評価はあまりない［丸山（1995a）pp. 351ff.］。丸山の著作集の索引から見る限り、ラスウェルへの言及は権力論に関するものがほとんどである。1956年の「政治学」が唯一、政策科学に言及しているが、むしろそれはアメリカの「『帝国主義的』拡張の典型」の議論とみなされ、「民主主義の政策科学」への評価はない［丸山（1995b）p. 174］。藤原保信は、20世紀の政治理論家の一人としてラスウェルを取り上げ、彼の民主主義の政策科学についても論じているが、基本的には精神的分析学的手法を用いた経験科学としての政治学の延長上に考えている［藤原（1991）pp. 151ff.］。飯田文雄は、初期からのラスウェルの思想・理論を時代背景も含めて、丹念に追っているものの、基本的には「科学主義」の延長上で考えている。ただし、予告された「科学主義」と「民主主義」の関係についての結論までいたっていない未完のものである［飯田（1990a・1990b・1992）］。中谷義和はラスウェルの独自性として「政治学の経験科学化と政策科学化」をあげるが、その二つの関係について特に言及していない［中谷

(1997)］。

　私の知る限り、日本の政策科学（公共政策学）において、ラスウェルの政策科学をはじめて本格的に評価したのは薬師寺泰蔵『公共政策』である。彼はラスウェルの「公共政策学」の特徴として、1951年のラスウェルの「政策志向」という論文［Lasswell（1951a）］のまとめから、次の6点をあげている。1．公共政策学は民主主義に関する学問である。2．その哲学的ベースは論理実証主義に置く。3．時間と空間に関して敏感な学問である。4．それは学際性を持つ。5．役人との共同作業を必ず必要とする。6．社会がどのように発展するかについての「発展概念」が不可欠である。薬師寺によれば、この公共政策学の特徴は、驚くほど「先見性」に満ちたものであるが、彼の政策科学の提唱は、その後あまり受け入れられることはなかった。それは何よりも2の論理実証主義を公共政策学の唯一の方法論としたからである［薬師寺（1989）pp. 45-50］。薬師寺は、カール・ポッパーやガブリエール・アーモンドの議論を使って、公共政策の対象は「からくり時計」でなく、「雲」であると主張している［薬師寺（1989）pp. 10ff.］ように、また工学部出身であることからも、実証的・定量的研究の限界を理解していたと思われる。ただ、ラスウェルが「論理実証主義」を唯一の方法論や哲学的ベースとしたかどうかは次節で考えていきたい。

　この点では、日本における政策科学の導入者であるが、政治学者ではなく、経済学部出身であり、商学博士の宮川公男が『政策科学の基礎』において、ラスウェルの政策科学をポスト実証主義のなかに位置づけている［宮川（1994）pp. 364ff.］ことが興味深い。2000年には、宮川を委員長とする研究チームが総合研究開発機構（NIRA）の委託によって、この「民主主義の政策科学」を理論的なベースとして、日本における政策へも応用した報告書を公刊している［NIRA研究報告書（2000）］。より最近の主張では、まさにポスト実証主義的な「民主主義の政策科学」が政策科学の「新しいパラダイム」となっている［宮川（2002）pp. 299ff.］。本稿は、この宮川の指摘を、よりラスウェルの政

策科学の展開と歴史的コンテクストにそくして展開するものである。なお、日本の政策科学、公共政策学の流れを追った田口富久治は、宮川の『政策科学の基礎』を詳しく紹介し、そのなかで当然ラスウェルのポスト実証主義としての「民主主義の政策科学」の議論も論じ、簡単に評価もしている［田口（2001）pp. 151- 4］。ただ、田口のラスウェル論では、デヴィッド・イーストンによる論文が高く評価され、実際に翻訳までして［Easton（1950）=（2002）］、ラスウェルが第二次世界大戦中に、政策科学が価値中立的なものから、特定の道徳的価値の優位性を科学的に認識する方へと、つまり、エリート主義的な政治学から民主主義の実現を目標とする政策学へと転換したことを強調している［田口（2001）pp. 154- 9］。次節で述べるように、ラスウェルは戦前から民主主義の価値は高く評価しており、また後期においても価値中立的で、実証的学問をめざした点もある。このように第二次世界大戦を境にして、ラスウェルの政治学を明確に分けることが可能かどうか疑問であり、仮に可能だとしても、そのことがラスウェルの政策科学の重要な問題であると私には思われない。

3　ラスウェルによる政策科学の提唱と組織化

　ラスウェルが第二次世界大戦中の1943年に「政策科学」の構想を始めていたことは、これまで公表されていなかった興味深い３つの個人的なメモによって近年明らかにされた［Lasswell（2003）］。まず、その「個人的な政策目的」というメモにおいて、彼は「私は道徳（morals）・科学・政策の統合に貢献したい」という。「私の道徳的価値は、私が生まれ育ち、忠誠を尽くしている個人主義的社会のものである。つまり、人間の人格性の尊厳である」［Lasswell（2003）p. 73］。このような「道徳的価値」を強調しているのは、アメリカという自由で、個人を尊重する民主主義社会を念頭においているからである。ラスウェルは1939年からアメリカ国会図書館の戦時コミュニケーション研究部の部長の職にあり、政策科学が当時の戦争状態のなかで構想されているといえ

る。しかし、戦争の正当化として政策科学が構想されたのではなく、むしろ戦争が「人間の尊厳」、民主主義を脅かすという危機意識が背景にあるからである。彼は1930年の著作において、民主主義が失われ、専制政治に陥らないための「予防の政治学」を唱え［Lasswell（1930）pp. 173ff.］、また1941年に公表した論文において、軍国主義化、「暴力の専門家」による「兵営国家」の傾向を批判していた［Lasswell（1948）pp. 146ff. =（1955）pp. 113ff.］。

　ラスウェルは「人間の尊厳」という道徳的価値の重要性を指摘した後で、「政策科学（policy sciences）の体系的理論に寄与し」たいとも記している。それは「政府・ビジネス・文化生活において重要な決定をするさいに、直接に重要となる事実と原理を提供することである」［Lasswell（2003）p. 74］。このように、政策科学はたんに政治だけではなく、経済や文化活動にも必要となる理論であるとともに、事実をも提供する実証的な学問であるとも考えていた。また、「心理学・社会学・経済学・政治学・法学・その他の関連する専門を扱うことによって、われわれは統合の欲求のための十分に確証的な証拠を見出す」ということから、学際的な研究や様々な学問の総合も主張している［Lasswell（2003）p. 74］。さらに、体系的理論だけではなく、「探究のための新しい手段の工夫」、例えば実際の政策指導者との個人的なネットワークを作り、過去の政策の成功例や失敗例を調べることも必要である［Lasswell（2003）pp. 74-5］。このように、「政策アドバイザーとして、私はわれわれの社会の知的機能を完全にする手助けとなることを希望する」と主張する。この「知的機能」とは政策立案者の「判断の合理性と道徳性を改善することである」と言い換え、その道徳性は「共通善の明白な構想」に基づくものであるとしている［Lasswell（2003）p. 75］。

　政策科学が道徳的価値の実現であるという主張は、次の「政策科学研究所」というメモにおいて、より一層明確に述べられている。「道徳的目的は自由な社会の中心的価値――人間の尊厳である。科学と政策はこの道徳的目的にとっての必要な手段である」［Lasswell（2003）p. 76］。ただ、１．「統合に関連付

けられた諸問題の提出」、2．「統合された社会理論の体系的言説の定式化」、3．「探究の新しいツールの発展」、4．「基礎的な社会データの収集」、5．「政策科学の専門的メンバーへのサービスの提供」が研究所に必要である［Lasswell（2003）p.77］、と政策科学は統合された理論であるとともに実証的なデータに基づくものであることも語られている。

　最後の「政策リーダーの訓練のための国立研究所」というメモでは、将来の政策リーダーとなる若い人のための研究所の必要性とその具体的なカリキュラムなどが論じられている。そこでは、アメリカという「自由な社会」の価値、「人間の尊厳」の実現が危機に陥っていることから、アメリカ人のリーダーの訓練のためであることが強調されている［Lasswell（2003）pp.81,85］。ただ、アメリカの観点からの決定は「全体としての人類」の観点からの決定を統合するものでもあると述べられている［Lasswell（2003）p.85］。しかし、アメリカでは個人的な利益を追求することに熱心で、長期的な利益、「公共善」や「共通善」を軽視している傾向があることも指摘されている。そのために、「ヴィジョン・知識・共通の道徳的目途がなければならない」という［Lasswell（2003）p.82］。実際に、哲学や歴史（Trend Thinking）などの研究も重視している［Lasswell（2003）p.87］。カリキュラムのなかで、重視されているのは、「近代政治と戦争」の重要な四つの側面、「世界イデオロギー（World Ideology）」・「世界外交」・「世界経済」・「世界戦略」である［Lasswell（2003）p.87］。このうち、「世界イデオロギー」に関しては、自国のイデオロギー、民主主義や自由主義だけではなく、ファシズムや共産主義、さらには「日本主義（Japanism）」などの研究も必要であるという［Lasswell（2003）p.89］。

　このようなラスウェルの「民主主義の政策科学」の提案は、活字化されたものとしては、「政策科学」という言葉は使っていないものの、1943年の『イエール・ロー・ジャーナル』に掲載し、1948年発行の『政治的行動の分析――経験的アプローチ』（一部省略があるが、邦訳のタイトルは『人間と政治』）に収録された、国際法学者メイヤーズ・S・マクドゥーガルとの共著の論文、

「法学教育と公共政策」がある。そこでは、まず法教育において「民主主義的価値の達成」の問題、「政策・目標・価値」に対する関心がこれまでほとんどなかったことが指摘されている［Lasswell（1948a）p. 23＝（1955）p. 27］。彼らがいう法学教育の終局の目途は、「自由で生産的な国家（commonwealth）」に必要な「政策立案のための意識的・体系的・能率的訓練」であり、アメリカの「民主主義的価値の完全な遂行」である［Lasswell（1948a）p. 24＝（1955）p. 28］。ただ、このことは、新トマス主義の自然法の教育としてもあり、「古代の洞察」の復活でもあるという［Lasswell（1948a）p. 25＝（1955）pp. 28-9］。また、このような主張をするのも、当時において「民主主義的価値」が衰退し、極度の中央集権化が進む「官僚国家」の傾向があり、さらには軍国主義化も進んで、ついには「兵営国家」となるという危機意識があるからである［Lasswell（1948a）pp. 25-6＝（1955）pp. 29-30］。

ラスウェルとマクドゥーガルは政策のための訓練として、「目標思考」・「トレンド思考」・「科学的思考」の三つをあげるが、いずれも「自分の道徳的価値」を明確にしておく必要があるという。ただ、そのさい追求すべきなのは、「民主主義的道徳」であり、その最高の価値は「個人の尊厳と価値である」［Lasswell（1948a）p. 30＝（1955）p. 35］。彼らによれば、「人間の尊厳」が主張され、実現されている社会は「権力・尊敬・知識」の価値が広く共有されている「自由社会」である［Lasswell（1948a）p. 36＝（1955）pp. 47-8］。また、彼らは「科学的思考」の必要もいうが、それと「政策思考」の違いも明白に意識している。「論理的・科学的思考と異なり、政策思考は瞑想的・受動的ではない。それは目標思考であり、他の適切な要素を統制することと同様に、議論の選択のための基準を提供することである」［Lasswell（1948a）p. 64＝（1955）p. 76］。ただ、「科学的思考」は「すべての命題がデータによって、確証されるか、確証できるものとしてみなされる」［Lasswell（1948a）p. 92］。

「民主主義の政策科学」という言葉が公表された文書で最初に使われたのは、邦訳もあり、ラスウェルの政治権力論の代表的著作である『権力と人格』

（1948年）の第6章「民主主義的リーダーシップと政策科学」であろう。彼はここでも「民主主義国家における権力は、共有されているだけでなく、人間の人格性の尊重に従属される」とまず主張している。そして、民主主義におけるリーダーは「全体としてのコミュニティから導き出されなければならず」、そういう意味では「民主主義のエリート（支配階級）は社会全体である」［Lasswell（1948b）pp. 108-9＝（1954）pp. 133-4］。しかし、彼は人間性には「破壊性」があり、現代は民主主義にとっても危機的状況でもあるという。そのため、このような「破壊性」という病気を治療するための「社会的精神医学も政策科学の一つである」と指摘し、政策科学を次のように定義する。「政策科学とは、社会における政策作成過程を解明し、あるいは政策問題についての合理的な判断の作成に必要な資料を提供する科学である。したがって、研究の各分野のもつ政策の重要性は、時代と場所とによって大いに変化する」［Lasswell（1948b）p. 120＝（1954）p. 147］。とりわけ、現代においては、「基本的な民主主義的価値がかつてないほどの挑戦をうけ」、人類の存亡の危機的状況にまでなっているために、民主主義的価値、「われわれの価値の防衛と拡張のために、われわれの限られた知的資源を使用する戦略を発展させる」政策が必要となる［Lasswell（1948b）p. 122＝（1954）pp. 148-9］。

　ラスウェルによれば、このような政策科学には、専門的な学者だけでなく、実際の政策作成に対して「経験ある活動家」の参加も期待している。「政策科学は、技能と経験を客観性と伝達能力（communicativeness）とに結びつける人で、その意味を明らかにすることによって、民主主義に関してあらゆることに手助けできる人であれば誰でも歓迎する」［Lasswell（1948b）p. 125＝（1954）p. 152］。彼は政策科学が合理的で客観的であることを主張するが、このことは民主主義の価値への「中立性」の主張ではない。彼は法学や社会科学の多くの専門家が「民主主義の目標価値の解明を鼓舞し、あるいはそのような価値がおそらく達成されうる、別の一連の政策の公共的・包括的分析を利用できるようにする試み」から撤退していることを批判している。また、公務員も

「効率性を基本とする中立性」の立場から「伝統的な民主主義理論による積極的な市民に勧められる実践の多くを禁欲し」、また「自分が賛同することに発言する」という「彼の公民の義務」を欠いていると批判する［Lasswell（1948b）pp. 144-5 ＝（1954）pp. 173-4］。このような批判の後で、結局「民主主義的リーダーシップは、いまだ貧弱にしか展開されていない、民主主義の政策科学の鍵となる問題である」と主張する。「あらゆる専門職業は、その組織を通して、委員会やスタッフを発展させることによって、そのメンバーと全体としてのコミュニティの両方に対して民主主義の目途・条件・政策代替案を明確にすることを試みることができる」［Lasswell（1948b）pp. 146-7 ＝（1954）pp. 175-6］。

　ラスウェルは、彼の学際的・総合的な政策科学を実行に移すために、スタンフォード大学において、政治学・経済学・社会学・社会人類学・心理学など、様々な領域の学者が参加したシンポジウムを組織化し、1951年にその報告書を『政策科学――規模と方法における最近の発展』というタイトルで出版している［Lerner & Lasswell（eds.）（1951）］。その巻頭論文は、彼の「政策志向」である。そこでは、政策科学に必要なものとして、1．「政策過程を探究するための方法」、2．「政策研究の結果」、3．「時代の知的なニーズに最も重要な貢献をするディスプリンの発見」をあげている［Lasswell（1951a）p. 4］。この3に関しては、政治学だけでなく、「ゲーム理論」のような「合理的選択理論」をあげ、この報告書にもアローのような経済学者の「選択理論」があることが指摘されている［Lasswell（1951a）pp. 4-5］。ただ、このような定量的方法の有効性をいいながら、ここでも政策科学は「民主主義の政策科学」をめざすものであるという［Lasswell（1951a）p. 5］。また、政策科学はより実践的なものであるとして、この点では、ジョン・デューイのようなアメリカのプラグマティズムの哲学を評価し、その延長上に論理実証主義を評価している。政策科学の用語も文脈によって変化する不安定なものであると指摘し、より厳密な科学を主張しているのではない［Lasswell（1951a）pp. 12-13］。

ラスウェルは「価値」の問題として、戦争よりも平和、大量失業よりも高い雇用率、専制政治よりも民主政治、破壊的人格よりも生産的人格の方が優れているという例をあげ、より一般的には「人間の尊厳が理論と現実において実現される世界コミュニティを達成する」ことが「民主主義の政策科学」であるという［Lasswell（1951a）pp. 9-10］。この点では、アメリカの伝統として「人間の尊厳」は肯定されているが、現実には黒人や有色人種への差別が存在していることも指摘している。最後の結論として、「一言でいえば、特別の強調は民主主義の政策におかれ、そのなかで究極の目標は理論と現実において人間の尊厳を実現することである」と述べている［Lasswell（1951a）p. 15］。
　なお、この報告書には、1946年にすでに『イエール・ロー・ジャーナル』に掲載された「世界組織と社会」という論文も再録されている。それは第二次世界大戦後にアメリカとソ連という超大国が対立し、とりわけソ連も核兵器を所有しようとしているなかで、両国が「兵営国家」となり、核戦争という破滅へいたらないための国際政策を論じたものである。現在、めざすべきことは人間の破壊性の減少であり、「安全性・繁栄・民主主義」という、世界の趨勢（trends）である価値を最大化することである［Lasswell（1951b）p. 102］。この点で、現在のアメリカのネオコンの主張とは異なり、アメリカが一極支配の帝国となり、「予防戦争」を仕掛けることは批判的に考えている。また、広島と長崎への原爆投下はアメリカ政府の人間性の破壊をもたらしたと批判的である［Lasswell（1951a）p. 111］。ラスウェルは、米ソの二極化のほかに、世界が科学化と民主化による同質化へと向かうトレンドもあると主張している。この点では、「もしも、人間の頭脳が自然の隠れたダイナミックスを理解でき、形成できるならば、共通善のために、人は自分自身と自分の思いつきをコントロールすることが可能になる」という。つまり、彼は「普通の人間（common man）の知識」の方を重視している［Lasswell（1951a）p. 113］。また、アメリカとソ連の教義が異なっていても、道徳的態度では類似し、両者とも「自由な社会」であり、「反貴族政」「反カースト」の点では同じであると主張してい

る［Lasswell（1951a）p. 116］。

　ラスウェルは、このような戦後すぐの政策科学の提案や組織化の必要性を説くことはその後あまりしなくなったが、晩年の1970年代に入るとまた活発に主張するようになる。まず、1970年に現在でも続いている政策科学の機関誌『政策科学』の発刊に寄与し、1971年にはＹ・ドロアが編集した「政策科学叢書」の一冊として、『政策科学序論』を出版し、政策科学を体系的なものとして提出している。まず、そのなかで、「政策科学は公共的・公民的秩序の決定過程についての（*of*）、およびその過程における（*in*）知識に関するものである」と定義されている。「決定過程についての知識」とは、政策が形成され、実施されることに関する「体系的・経験的研究」であることを意味している。「体系的」であるためには、西洋のアリストテレス、マキアヴェッリとその後継者という政治哲学から由来する「明白に相互に連結された諸命題の一体」が求められる。「経験的」とは「注意深い観察」に基づくことであり、このことが「科学と非科学の基本的な区分」となるものである。「公共的・公民的」と、とくに「公民的」という言葉がつけ加えられていることは、政府だけが政策を決定し、実施していくことではないことを意味している。とくに全体主義国家ではない複雑な社会では、「半官あるいは非官の（semiofficial and nonofficial）過程の研究」が重要である。「決定過程における知識」にも関心をよせるのは、決定において「利用できる知識のストック」が必要であるからである。とりわけ、現代では「科学に基づくテクノロジー」も政策作成者が動員する知識として不可欠である［Lasswell（1971）pp. 1-2］。

　この政策科学は「コンテクスト性」・「問題志向性」・「多様性」という三つの主なる属性を実現するように努めるべきである［Lasswell（1971）p. 4］。まず、「コンテクスト性」とは、政策決定がより広い社会プロセスの一部であり、人間の相互依存関係に基づいているという社会全体の関連状況をつねに考慮に入れることである。この社会過程のモデルとして、「参加者（行為者）」「相互作用の流れ（相互行為）」「資源環境」の三つが強調され、参加者間の相互作用

が重視されている［Lasswell（1971）pp. 15ff.］。「問題志向性」とは、それが特定の問題解決のために、政策科学者がその知的活動を組織的に関連付けることであり、「目標の明確化」「トレンドの記述」「条件の分析」「発展の計画」「代替案の創案・評価・選択」の5つの知的課題があるという［Lasswell（1971）p. 39］。この「目標」に関して、基本的問題の一つは、政策の最高目的を「多数者の人間の尊厳か少数者の尊厳の実現」のいずれにおくかであるという［Lasswell（1971）p. 41］。この点では、「人間の尊厳」という言葉も用いながらも、『政策科学序論』においては「民主主義の政策科学」という言葉が用いられていないことも含めて、必ずしも民主主義の実現を目的とするのではなく、より客観的な、価値中立的科学を標榜するようになったといえるかもしれない。ただ、「人間の尊厳」の実現のためには「共有された権力」が必要であるといい、その要件として、「一般的参加が効率的である」という「参加」や権力が「共通の利益に役立つ」ために配分されるという「基礎価値」などをあげている［Lasswell（1971）p. 44］ことから、「民主主義の政策科学」は前提としていぜんあったと思われる。「多様性」に関しては、政策過程が複雑で多様なことから、それぞれの専門家や実務家において、また探究領域において複数の方法や試行錯誤が必要になることが論じられ、「コンテクスト・マップ法」「発展的構図」「原型技法」「コンピューター・シミュレーションの活用」「参加者観察法」などの方法があげられている［Lasswell（1971）pp. 58ff.］。

　この後、専門家としての政策科学者の社会的役割が強調されていく。このなかでわれわれの観点から興味深いのは、「専門家のアイデンティティ」の問題である。ラスウェルによれば、コンピューターやマスメディアという「現代のコミュニケーション手段」によって、「大組織における脱中央集権的で、多元主義的な要求」が可能となっているのに、他方では寡頭政へと向かう「官僚主義」も強まっている。このような傾向に対立し、「政策過程における広範囲な参加」をもたらすためには、「動機づけ、情報を与えるコミュニケーションの潜在性」を強める働きをすることも政策科学者には求められている［Lasswell

(1971) pp. 119-20〕。しかし、実際には科学の知識は少数者の便益にしかなっておらず、その例として郊外の富裕層の居住地と都市や田舎のスラムをあげている。また、戦争政策のさいに権力者に従う科学者も多い理由として、知識の追求がたんなる手段となっていることや、研究に多大な資金が必要となっていることがある。結局「彼らは世界の安全や全コミュニティの福祉よりも戦争と寡頭政の奉仕により直接貢献している」〔Lasswell (1971) pp. 122-4〕。

　以上、ラスウェルの政策科学を略述してきたが、最初の構想にあるように、その目的は道徳的価値、「人間の尊厳」の実現にあり、その点で社会を改善していくための「民主主義の政策科学」であった。それはとりわけ20世紀になって、官僚主義や「兵営国家」化が強まることによって、「民主主義」が衰退しているという危機意識から生まれたものでもある。そのための手段である「政策」や「科学」は、実証主義的なものであることも主張しているが、その方法も多様のものであることを主張している。もともと「科学」は複数で表記され、単一の科学を考えていない。このような「政策科学」が1970年代に再び活発に主張されていくのは、「ポスト行動主義革命」の影響があると思われる。1950年代からアメリカで隆盛を極め、「行動主義革命」とまでいわれた行動主義政治学は、客観的・経験的なデータに基づいた一般法則から人間行動を科学的に説明する「科学主義」の立場に立つものであるが、現実の政治過程との接点を失い、政治的な価値についても、実際は不可能な中立性を装うものであるという批判が1960年代後半に起きてくる。1969年のアメリカ政治学会の会長演説において、D・イーストンは「ポスト行動主義革命」という言葉を用いて、当時の行動主義批判を好意的に受けとめ、その理由を以下の7点にまとめて展開している。1．「探究の用具」の精密化よりも「現代の緊急な社会問題」に妥当することが重要である。2．行動主義科学に「経験論的保守主義のイデオロギー」が内在している。3．行動主義研究は「現実との接触」を失うおそれがある。4．「価値にかんする研究と価値の建設的な展開」は政治学には不可欠の要素である。5．専門的学者もすべて知識人としての責任を社会に負って

いる。6．「科学者としての知識人」はその知識によって「社会の再形成」のために行動する責任がある。7．政治学は客観的な学問ではなく、「政治化」が避けられないだけではなく、そうすべきものである〔Easton（1969）p. 1052＝（1970）pp. 418-20〕。私には、これらのすべてがラスウェルの政策科学によってめざされたものと合致するように思われる。

4　ポスト実証主義としての民主主義の政策科学

　ラスウェルがポスト実証主義的傾向にあることを最初に強調したのは、宮川公男によれば〔宮川（1994）pp. 365-6〕ダグラス・トーガソンである。トーガソンは1985年の『政策科学』の論文において、ラスウェルが実証主義者であり、テクノクラットであるという評価が一般にあり、たしかにそのような傾向も認められるが、むしろポスト実証主義者の側面を評価すべきであるという〔Torgerson（1985）〕。その際、トーガソンが重視するのはラスウェルの政策科学の「コンテクスト志向性」であり、そこから民主主義に対する危機意識によって、啓蒙化された広範囲な政治参加を必要とする「民主主義の政策科学」が生み出されたと主張する。トーガソンは翌年の論文では、政策分析には、実証主義・批判理論・ポスト実証主義の三つのパラダイムがあり、歴史的には現在の「ポスト実証主義転回」に向かってきていると主張している〔Torgerson（1986）〕。つまり、啓蒙主義の流れから、客観的行政を求め、テクノクラシーを理想とする1960年代に頂点を極める「実証主義」に対して、1970年代にテクノクラシーを批判し、知識よりも政治や政治的価値を強調する「批判理論」が生じたが、1980年代になると、さらに政策作成の参加者と観察者を分離せず、一般市民の政策参加を重視する「ポスト実証主義」が登場している。この点で、ラスウェルには「ポスト実証主義」的傾向がある〔Torgerson（1986）p. 42〕。さらに、トーガソンはラスウェルの若い頃の未刊の書簡なども使って、彼が近代のテクノロジーの進歩に期待とともに不安も抱き、戦前からテク

ノクラシーを認めながらも、エリートではない民主主義的なリーダーの必要性を考えていたことを明らかにしている［Torgerson（1990）］。やはり早い時期に政策科学においてポスト実証主義を評価するウィリアム・アッシャーは、それが「経済帝国主義」と呼ばれるべき「新古典派経済学」の支配に対抗したものであると主張する。その支配が単一の方法や一般的法則にこだわることは、かつての「行動主義」の支配と類似しているが、政策科学の創設者はコンテクストを重視し、このような行動主義と対立していた［Ascher（1987）pp. 4-5］。ラスウェルは立証化・単純化・専門化・数量化・価値自由だけを強調する、戦後の新世代の「ネオ行動主義」をむしろ「裏切り」と考え、それと対立するものとして「政策科学」を提唱していったと別の論文で主張している［Ascher（1986）pp. 368-70］。

「ポスト実証主義」という言葉は使わないものの、1982年に「解釈学的活動」として政策分析を唱えたジョン・ドライツェクは、ラスウェルが『政策科学序論』において、「コンテクスト性」・「問題志向性」・「多様性」を重視したことを評価している［Dryzek（1982）p. 312］。1990年にはドライツェクは政策科学における「弁論的（discursive）民主主義」の必要性を唱える書物を出版する。そこで、彼は政策科学において、支配的な合理的選択論のような「道具的合理性と客観主義」を次のように批判する。「道具的合理性」は、１．人間の結合をもたらす適合的・自発的・平等主義的な側面を破壊し、２．反民主主義的であり、３．個人を抑圧し、４．複雑な社会問題には有効でなく、５．有効で適切な政策分析を不可能にし、６．不適切で非効果的な社会科学の方法である。「客観主義」は、１．古い偽りの科学観に立ち、２．異なる基準の文化や伝統を抑圧し、３．政治学の進歩を抑制すると全面的に批判している［Dryzek（1990）pp. 4-7］。このような立場からテクノクラシーが生み出されるために、ドライツェクはアリストテレスの実践理性や、現在ではその延長上にあるハーバーマスなどの「コミュニケーション的理性」に基づく「弁論的民主主義」を主張する。ラスウェルの「民主主義の政策科学」も基本的にはこのよう

な方向にあると評価する［Dryzek（1990）pp. 113-4］。

　このようなポスト実証主義的民主主義の政策科学の主張は、1990年代になるとラスウェルへの評価を離れても一般化し、政策科学の専門雑誌や単行本において、たんに理論的なものだけでなく、何らかの形で市民が政策作成過程に直接参加する提案や実践を伴う「参加的政策分析（participatory policy analysis）」、PPAという実践的なものも多く主張され、まさに新しいパラダイムとなっていく［Cf. 宮川公男（2002）pp. 252ff., 302ff.］。私の知る限り、「参加的政策分析」という言葉を最初に用いたのは、ピーター・デレオンである。彼によれば、現在の政策分析は「便益・費用計算（benefit-cost analysis）」のような価値中立的分析が一般的になっているが、それはエリートによるテクノクラシーを正当化するものとなっている。このような状況は政策科学の創始者──ラスウェルの「民主主義の政策科学」から遠ざかっているものであり、それを再建するのがPPAである［deLeon（1990）p. 33］。1993年に『政策科学』では、「民主主義と政策科学」の特集が組まれている。その編集者はドライツェクとトーガソンであり、その序に彼らは次のように記している。「反民主主義的勢力が政治的にも知的にも活力があった時期に定式化された、ハロルド・D・ラスウェルによる戦後の民主主義の政策科学の要求は、すべての政策科学者がいまや民主主義の政策科学者であるように思われるという意味で、今日では重大な挑戦を受けずに現れている」［Dryzek & Torgerson（1993）p. 127］。『政策科学』のサブタイトルは第32巻（1999）から、それまでの「政策作成の改善に専心する国際雑誌」から「人間の尊厳を進める知識と実践の統合」に変わり、ラスウェル的なポスト実証主義的民主主義の政策科学の雑誌であるというパラダイム転換を明示している。

　このように1980年代から始まり、90年代に新たなパラダイムとなるラスウェル的な「民主主義の政策科学」の背景には、当時の欧米の社会における「民主主義の危機」という問題と、政策科学においても経済学的な実証的・定量的研究が増大し、政治的価値、とりわけ民主主義の価値が重視されなくなったこと

がある。政治学や公共政策学の立場からウィリアム・E・ハドソンは、当時のレーガン政権によって「民主主義の危機」が進行しているとして、「ラディカルな個人主義」「ビズネスの特権的地位」「不平等」や「国家安全保障体制」などの七つの傾向を指摘している［Hudson（1985）＝（1986）］。ハドソンは指摘していないが、これはアメリカにおいて、軍事力の強化をはかるネオコンと結びついた市場原理主義的なネオリベラルが勢力を得て、結局はそのような専門的知識人によるテクノクラシー的政治になっていることへの批判であるといえる。このような状況のなかで、政策科学も依然として、個人の利己心に基づく功利主義的な「便益・費用計算」や、合理的選択論などに基づく経済学的手法が支配的であり、公共善や共通善のような政治的価値を無視し、政治的参加や連帯のような民主主義的価値を軽視している傾向があるといえる。

5　終わりに

　本稿は、ラスウェルの「民主主義の政策科学」の主張をその創設から、歴史的コンテクストのなかで評価してきた。また、それが彼の死後、80年代から再評価され、90年代には少なくとも「パラダイム」の一つとなったことを、これも現在のコンテクストのなかで理解しようとしてきた。現在、アメリカ以上に実証主義やネオリベラルの立場が政策科学や公共政策学でも強く、一般にも政治への関心が弱く、「民主主義の危機」があると思われる。それゆえ、このような「民主主義の政策科学」は日本においても、ますます必要であるのに、なぜか日本の政治学や公共政策学ではほとんど語られることがない。
　もはや、紙幅も尽きたので、最後に二つの残された課題を指摘して結びとしたい。まず、このような「民主主義の危機」は政策科学だけでなく、さまざまな政治理論にも影響を及ぼし、民主主義再建のための新たな主張が出てきていることである。その一つに、私が近年関心を寄せている「コミュニタリアニズム」［菊池（2004）（2006）］がある。このような傾向を「公民的革新」と総称

する見方もあり［Sirianni & Friedland (2001)］、それだけアメリカでは民主主義の再建が求められているといえる。私はこのような動きをアリストテレスに源流を求めることができる「共通善の政策学」ないしは「共通善の公共哲学」と総称して評価していきたいと考えている。次に、本稿では「参加的政策分析（PPA）」や「熟議民主主義」について、実践的な政策論として具体的に論じることができなかったが、これも現在の日本のコンテクストに合わせて別に論じていきたい。

【参照文献】

本文に実際、引用した著者のアルファベット順である。翻訳文献も掲載したが、訳文はかなり手を加えている。

Ascher, William (1986) "The Evolution of the Policy Sciences : Understanding the Rise and Avoiding the Fall," *Journal of Policy Analysis and Management*, Vol. 5, pp. 365-73.

Ascher, William (1987) "Editorial : Policy Sciences and the Economic Approach in a 'Post-Positivist' Era," *Policy Sciences*, Vol. 20, pp. 3-9.

deLeon, Peter (1990) "Participatory Policy Analysis : Prescriptions and Precautions," *Asian Journal of Public Administration*, Vol. 12 (1990), pp. 29-54.

Easton, David (1950) "Harold Lasswell : Policy Scientist for a Democratic Society," *Journal of Politics*, Vol. 12, pp. 450-477.（「ハロルド・ラスウェル；民主社会の政策科学者」田口富久治・小鴨大輔訳『政策科学』第10巻、第1号、161-176ページ。）

Easton, David (1969) "The Revolution in Political Science," *American Political Science Review*, Vol. 63, pp. 1051-1061.（「政治学における新しい革命」内山秀夫訳、I・デ・ソラ・プール編『現代政治学の思想と行動』勁草書房、1970年、415-448ページ。）

Dryzek, John S. (1982) "Policy Analysis as a Hermeneutic Activity," *Policy Sciences*, Vol. 14, pp. 309-329.

Dryzek, John S. (1990) *Discursive Democracy : Politics, Policy, and Political Science*, Cambridge : Cambridge University Press.

Dryzek, John S. & Torgerson, Douglas (1993) "Democracy and the Policy Sciences : A Progress Report," *Policy Sciences*, Vol. 26, pp. 127-137.

藤原保信 (1991)「H・D・ラスウェル──精神分析的手法」『二〇世紀の政治理論』岩波書店、151-170ページ。

Hudson, William E. (1995) *American Democracy in Peril : Seven Challenges to America's*

Future, New York : Chatham House Publishers. (宮川公男・堀内一史訳『民主主義の危機――現代アメリカへの七つの挑戦』東洋経済新報社、1996年。)
飯田文彦 (1990a)「ハロルド・ラスウェルの政治理論（一）――科学・権力・民主主義」『国家学会雑誌』第103巻、3・4号、129-208ページ。
飯田文彦 (1990b)「ハロルド・ラスウェルの政治理論（二）――科学・権力・民主主義」『国家学会雑誌』第103巻、11・12号、746-790ページ。
飯田文彦 (1992)「ハロルド・ラスウェルの政治理論（三）――科学・権力・民主主義」『国家学会雑誌』第105巻、7・8号、543-586ページ。
菊池理夫 (2004)『現代のコミュニタリアニズムと「第三の道」』新曜社。
菊池理夫 (2006)『日本を甦らせる政治思想――現代コミュニタリアニズム入門』講談社（現代新書）。
Lasswell, Harold D. (1930) *Psychopathology and Politics*, Chicago : University of Chicago Press. (rep. 1986)
Lasswell, Harold D. (1948a) *The Analysis of Political Behaviour : An Empirical Approach*, London : Routledge & Kegan Paul. (加藤正泰訳『人間と政治』岩崎書店、1955年。)
Lasswell, Harold D. (1948b) *Power and Personality*, New York : W. W. Norton & Company. (永井陽之助訳『権力と人間』東京創元社、1954年。)
Lasswell, Harold D. (1951a) "The Policy Orientation," in Lerner & Lasswell (ed.) (1951), pp. 3-15.
Lasswell, Harold D. (1951b) "World Organization and Society," in Lerner & Lasswell (ed.) (1951), pp. 102-117.
Lasswell, Harold D. (1971) *A Pre-View of Policy Sciences*, New York : American Elsevier.
Lasswell, Harold D. (2003) "On the Policy Sciences in 1943," *Policy Sciences* Vol. 36, pp. 71-98.
Lerner, Daniel & Lasswell, Harold D. (eds.) (1951) *The Policy Sciences : Recent Developments in Scope and Method*, Stanford : Stanford University Press.
丸山眞男 (1995a)「ラスウェル『権力と人格』」『丸山眞男集　第四巻』岩波書店、337-369ページ。
丸山眞男 (1995b)「政治学」『丸山眞男集　第六巻』岩波書店、167-203ページ。
宮川公男 (1994)『政策科学の基礎』東洋経済新報社。
宮川公男 (2002)『政策科学入門』第2版、東洋経済新報社。
中谷義和 (1997)「H・D・ラスウェル」田口富久治・中谷義和編『現代の政治理論家たち――21世紀への知的遺産』法律文化社、85-98ページ。
NIRA研究報告書 (2000)『わが国の政策決定システムに関する研究（第Ⅱ期）（上）――政策科学と市民参加』総合研究開発機構。
Sirianni, Carmen, & Friedland, Lewis (2001) *Civic Innovation in America : Community Empowerment, Public Policy, and the Movement for Civic Renewal*, Berkeley : University

of California Press.

田口富久治 (2001)『政治理論・政策科学・制度論』(『立命館大学叢書・政策科学 2』)、有斐閣。

Torgerson, Douglas (1985) "Contextual Orientation in Policy Analysis : The Contribution of Harold D. Lasswell," *Policy Sciences*, Vol. 18, pp. 241-261.

Torgerson, Douglas (1986) "Between Knowledge and Politics : Three Faces in Policy Analysis," *Policy Sciences*, Vol. 19, pp. 33-59.

Torgerson, Douglas (1990) "Origins of the Policy Orientation : The Aesthetic Dimension in Lasswell's Political Vision," *History of Political Thonght*, Vol. 11, pp. 339-351.

薬師寺泰蔵 (1989)『公共政策』(『現代政治学叢書10』) 東京大学出版会。

山口雄巳 (1984)「政策研究の課題と方法」『政策科学と政治学』(『日本政治学年報1983』)、岩波書店、3 -32ページ。

第2章　公共部門分析モデルの展開
―最適経済モデルと経営者モデル―

寺　本　博　美

1　はじめに

　日本におけるの政策過程の様相は、近年、とくに地方公共団体では、従来の行政中心から企業・事業所、NPO、市民・市民団体など多様な主体が協働するかたちへ変化している。意思決定主体の多元性あるいは既存の統治形態にたいする信頼の欠如など政策をとりまく環境の変容は、政策効果にたいする不満を背景としている。

　政策の目的は、国であろうが地域社会であろうが、社会的厚生（Social Welfare）の最大化にあることは、経済学者にとっては原理的には共通の認識にあり、それを実現するための理論が精緻化されてきた。すなわち、パレート最適の諸条件が数学を用いて厳密に展開されてきた。パレート最適は、あらためて説明するまでもないであろうが、関連する主体の厚生状態を悪化させることなく特定の主体の現状からの改善を可能にする余地がもはや存在しないときの均衡を意味する。

　問題の論点は、政策過程における個人主義的利益（私益）と期待される集合的利益（公益）の相克である。Keynes (1931) は『自由放任の終焉』のなかで、経済社会全体について「私的利害と社会的利害とがつねに一致するように、世界が天上から統治されているわけではない。」と述べた。ミクロ経済問題の解決がそのままマクロ経済問題の解決に直結しない。Samuelsonの合成

の誤謬（fallacy of composition）が存在する。政策の現場を経験した小島（2007）は、「公益は具体化されるとき私益とぶつかる」という。「総論賛成各論反対」シンドロームは政策過程では、とくに国の政策が地方に大きな影響を及ぼす場合、あるいは地域社会の再構築にかかわる都市開発など政策過程では日常的で一般的である。

社会的厚生関数（目的関数）の最大化は、一定の条件のもとで総論賛成各論反対にたいする解決のひとつのモデルであった。公益と私益の相克によるデッドロックは、経済学的には資源配分におけるトレードオフの問題として処理される。政治学的には多数決を通して、中位投票者定理によって処理される。利益分配の衡平あるいは格差にたいする主体の反応係数の大きさが、経済合理性の考えを左右する。

政策過程の現場に見られる現実主義は、限界のある合理性あるいは満足化基準によって特徴づけられ、科学的方法からの脱却を唱える傾向にある。パレート均衡を現実に直接投影することについては、制限的である。したがって結果として、科学的な手法が放棄され、「限界のある合理性」のもとで決定がなされ、経済的合理性の追求よりも政治的合理性が追求されてきたし、現在もその傾向は変わらない。具体的には、日本における地方分権化のなかで取り組まれている「パートナーシップ」あるいはその邦訳語である「地域協働」と呼ばれている政策過程のモデルに代表される。政策過程における各主体の行動誘因から導かれる最適は、総合的ではなく、戦略的に、個別的、具体的、近視眼的な性質によって侵食される。ここにもうひとつ別のモデルであるNPMにもとづく政策過程のモデルを見ることができる。

本稿の目的は、政策過程を決定と実施の局面にわけて、まず、それぞれの局面における現実とそこに見られる問題を分析するために示された政策過程モデルを概観し、近年、実際に適用されているニュー・パブリックマネジメント（New Public Management: NPM）およびパートナー・シップあるいは地域協働にもとづいたモデルを実施主体の誘因とそのことから導かれる帰結の観点か

ら再検討することにある。

2 政策決定の現実と問題

2.1 政策決定理論の潮流

　政策過程における関心の領域は、大きくわけると三つある[1]。すなわち、(1) 政策価値、(2) 政策および (3) 政策評価である。これら三つの領域に関連してそれぞれ政策過程モデルがある。政策過程は計画・実施・評価の段階にわけられる。政策決定のモデルには、一方では経済モデルと経営者モデルおよびゲーム理論に代表される数理モデルがある。他方で、政治モデルがある。宮川 (1993) は、「政策科学」(Policy Science または Policy Sciences) が注目を集めた頃に、それまでのモデルを解説しているが、要点を再整理すると次のようである。

　純粋に典型的な経済モデルは、経済合理性モデルである。新古典派経済理論と新厚生経済学における最適経済モデルは、演繹的に構築された厳密な数学モデルである。他方、個人主義と自由主義を前提に、公共選択モデルが政治経済モデルとして創られた。公共選択論の特徴と分析上の貢献は、ミクロ経済学のツールを用いて政策過程（政治過程）を経済分析の対象にしたことである。

　公共選択論のレントシーキング・モデル (the economic analysis of rent-seeking) は、民主主義的多元社会における政策決定の動態の一側面を政治的レントによって捉える (Buchanan, Tollison and Tullock (1980))。ジョージメイソン大学公共選択研究所の Tolison と Congleton によるリーディングスに収められている論文は、民主主義政治過程における政策主体である政治家と官僚の政策要求行動にかんする初期の経済理論モデルである (Tollison and Congleton (1995))。さらに、すべての政治活動は利益集団間闘争であるとする利益集団モデルがある。このモデルの経済モデルは、シカゴ大学における行動科学の経済モデルとして知られている (Becker (1983))。公共選択モデ

（バージニア学派モデル）やシカゴ学派モデルでは政府の失敗の可能性をつねに想提している。

　公共選択は制度学派に属する。制度学派の文脈における他の経済モデルとして、とくに取引費用によるアプローチが政治制度と政策過程の分析に適用されている（Dixit（1996））。たとえば、経済政策決定過程では、なぜ経済学者が最適と考える政策は採用されないのか、日本の省庁再編が、なぜ無駄な財政支出や非効率を生み出しかねない可能性をはらんでいるのか、といった問題を分析するモデルとして取引費用の政治経済モデルが展開されている。

　公共選択モデルとは対立し、賢人政府を想定する、「ハーベィロードの前提」に代表されるケインズモデルは経済学におけるエリートモデルである。経済政策の新古典派厚生基準論では、究極的な価値基準は社会的厚生関数によって代表させることで対応してきた。社会的厚生関数モデルは、効用関数の概念に関わる問題を未解決のままで個人主義を前提しない超人モデルあるいはスーパーエリートモデルである。

　数理モデルの分析ツールとして、近年、大きな影響力を持つのがゲーム理論である。ゲーム理論モデルは、戦略的決定を研究する行動科学の分野であるゲームの理論を政策決定過程に応用したモデルであり、相互依存モデルである。外交上の戦略的決定はひとつの典型的な例である。国と地方の補助金をめぐる財政調整における交渉も例としてあげることができる（寺本（1999））。ゲーム理論が単なる分析用具という域を超えて、政治経済学分析あるいは政策科学分析におけるものの考え方にひとつの新たな局面を開拓しつつあるということを示している（青木（1988））。政府公共部門は制度設計において万能でもなく、ミクロ的行動として資源配分や再分配を合理的・公正に解決することに失敗する。すなわち政府公共部門は政府の失敗に直面する固有のインセンティブ構造を持ったゲームの一プレーヤーとして明示的にとらえなおされる。

　上の経済モデルに対峙するのが、以下の政治モデルである。公共政策は統治するエリートの価値や選好を反映したものとする政治理論＝エリート理論があ

る。このモデルは、ケインズモデルの政治的側面のモデルとして見ることができるであろう。政策決定の制度、すなわち議会、政府諸省庁、裁判所、地方自治体、政党などの公式的および法的側面に焦点をあてたモデルは制度モデルと呼ばれる。このモデルの特徴は、政策決定機関の構造的側面に着目し、公共政策を政府諸機関の活動の制度的アウトプットとしている点にある。プロセス論モデルは、政策決定過程および政策決定行動を分析対象の中心に置く。システム論モデルは、Easton (1965), Sharkansky (1975) によって明らかにされ、公共政策は政治システムのアウトプットであると考える。システムは何らかのインプットを変換してあるアウトプットを生み出すものとして理解されており、インプットとアウトプットをある種の関数でとらえる。システムはインプットをアウトプットに変換する制度と考えられている。システム論モデルの重要な要素は、インプットとアウトプットが所与の外的環境とその外的環境との相互作用を通じて生じた変化をふたたびシステムに戻すというフィードバックである。インプットとアウトプットをある種の関数で捉える。システムはインプットをアウトプットに変換する制度そのものである。

　社会学者Ezioni (1967) は、ある問題状況における合理的選択は、別の問題状況では合理的ではないとし、合理性と増分主義を結合させた混合スキャニングモデルを提示している。しかしながら、このモデルは、モデルというよりもむしろ現実にあるものを、あるがままに記述しただけのものである。同様に、情報処理の観点から、Cohen-March-Olsen (1972) によって示されたのがゴミ缶モデルである。これらのモデルでは、政策決定が行われる組織は安定した均衡とはみなされず、目標があいまいであり、作業の遂行方法も不明瞭で、参加者も恒常的ではない。ゆるやかな結合関係にある組織は、組織化された無秩序（不明確な選好、明らかでない技術、流動的な参加）を特徴とする。したがって、意思決定と政策は、持続的な問題集合、望ましいものとして主張されている複数の問題解決方法、関与する機会を意のままに選択する参加者たち、選択の機会間の相互関係のなかから生じてくると考えられている。しかし、問

題集合、問題解決方法、参加者、選択の機会という意思決定の四つの要素のあいだに緊密な関係は見出されない。政治学あるいは社会学の文脈では、厳密な合理性の追求は実行可能性の観点から至上ではないことが理解されるであろう。

経営者モデルは、売上高最大化仮説で示されたような経営者裁量モデル、予算過程に見られるような増分主義モデルとして、最適モデルの代わりに「限界のある合理性」(the bounded rationality) あるいは「満足化」基準が使われる。「限界のある合理性」あるいは「満足化」基準は、組織と市場における経済合理性、言い換えればパレート最適と競争均衡の組織への厳密な適用が不可能であるということを示した合理性の基準であり、Simon (1996) の基準として実践的観点から支持されている[2]。

こうした考え方は、他方で、具体的には、近年の日本における新しい行政手法として注目されたNPMという経営者モデルに引き継がれている。大住 (1999) (2002) は、伝統的な政策科学には限界があるが、NPMは、意思決定プロセスへの有効性の観点から、厳密性・客観性を重視したモデルから合意形成のための目標管理型モデルへの発展であると評価する。厳密な「科学的評価」から簡便な「実用的評価」へ、「費用便益分析」(Cost Benefit Analysis) から「費用効果分析」(Cost Effectiveness Analysis) への変更は、戦略経営プロセスとパフォーマンス・メジャーメントというツールで、公共政策過程を経営者モデルで擬似する。

2.2　最適モデルからNPMモデルへ

政策過程のモデルは、上で概観したように、最適モデルの流れと経営者モデルの流れにわかれる。経営者モデルを代表するNPMは公共部門のガバナンスの理論を起点として展開されてきた。20世紀に政府が行ってきた公共部門の運営 (public administration) について、1980年代イギリスのサッチャー政権下の民営化 (privatization) に代表され、それを契機にした政策パラダイムの転

換は、アメリカ合衆国、オーストラリア、とくにニュージーランド、そしてさらにスカンディナビアン諸国とヨーロッパ大陸へと続き、日本に移入されたのは20年後である。具体的には「今後の経済財政運営及び経済社会の構造改革に関する基本方針（骨太答申）」（経済財政諮問会議、2001年6月26日閣議決定）でNPMの必要性が承認されている。NPMへの転換を加速させた背景には、先進国の経済停滞とそれによる税収不足、他方で政府にたいする公共需要の増大あるいは多様化である。「大きな政府」から「小さな政府」へ、あるいは「効率的な政府」へと公共経済部門の財政バランスが重要な政策課題となった。

　NPMの理論的背景は、一方では、大きな公共部門にたいして強く批判した公共選択学派ならびにシカゴ経済学派に求められる。他方では、取引費用を分析の鍵概念とする「新しい制度の経済学」（New Institutional Economics : NIE）から強い影響をうけている。NIEは、経済学のハード・サイエンスとしての再構築をめざし、分析階層のレベルを（L1）社会学、（L2）財産権の経済学、実証政治学、（L3）取引費用経済学、（L4）新古典派経済学、エージェンシー理論として、「理論と実証の対話」がNIEの共通認識である[3]。また、NPMの理論はゲーム理論、法と経済学を内包したミクロ経済学の応用である。しかしNPMの現実は、学問的な背景はあるが異なったアプローチ、理論および概念、公共部門の経営と改革に関連する実際例の総称である。

　NPMの学問的背景を経済学と経営学に求めることができるが、経営戦略と経済政策あるいは公共政策とは根本的に違うことに注意しなければならないであろう。経済はクローズド・システムであり、経営はオープン・システムである（Krugman（1996））[4]。

　オープン・システムとクローズド・システムの違いを「ごみ処理」を例に考えてみよう。脱焼却・脱埋立をめざしたゼロ・ウェイスト政策で世界的にも知られている徳島県上勝町では、年間ごみ総排出量は535トン、一人当たり0.27トン、ごみのリサイクル率は80.4パーセントである（数値は2003年、総務省統計局）[5]。再資源化可能な廃棄物は分別収集され他地域での処理に依存してい

る。一般に、自治体が処理場を持たないと決めると「ごみ」回収料（費用）が上がり、住民はその道を選択したことになる。町のなかに醜いごみ用埋立地や焼却場があるよりましだ、また焼却場建替の費用を他の用途にまわすことが可能であると進んで料金（費用）を払う（willingness to pay）[6]。個々の自治体にとって、それは合理的な選択であろう。しかしこの場合、すべての市町村がその選択を選ぶことは可能であっても、国民全部が、自分のごみを他所へ送りつけることは不可能である[7]。国家には、ごみを埋める場所を選ぶ権利はあるが、埋めるか埋めないかの選択肢はない。ごみの処理にかんしては市町村はオープン・システムで、国家はほぼクローズド・システムである。空間的制約のもとでの問題解決として定式化されるのが経済問題である。

最適モデルは、図1のフロンティア ab と無差別曲線群 i によって示される。クローズド・システムでは、選択肢 z_1、z_2 の最適組み合せは、ab 曲線と無差別曲線 i^1 の接点 e で示される。オープン・システムでは、無差別曲線群に依存して、z_1z_2 空間のいかなる点も選択可能であり、点 f や点 g のようにより高い公正水準の選択が可能である。

NPMの核心は、大住（2002）によれば、民間企業における経営理念・手法、成功事例などを可能なかぎり行政現場に導入することで行政部門の効率

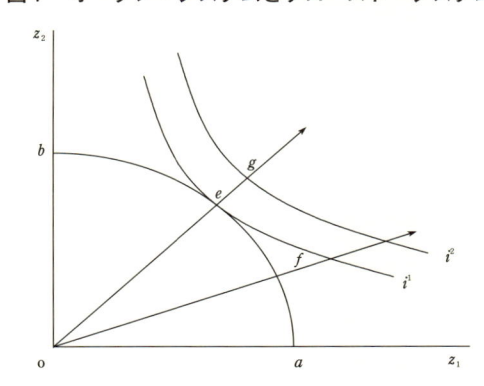

図1　オープン・システムとクローズド・システム

化・活性化を図ることにある。住民を顧客とみなし、他方では顧客対応を容易にし、意思決定の時間ラグを短縮するために組織構造を平坦・簡素化することによって、公的な統治機構の変更を行う。Haggett（1996）は、行政サービスの供給について NPM をつぎのようにまとめる。企画・立案部門と実施部門を分離し、実施部門には市場型契約システムを取り入れ、業績・成果（outcome）を通して管理・評価する。行政サービス部門は分権化（細分化）・分散化される一方、全般的な「市場原理」の導入が行われる。

　日本において行政改革は、国レベルと地方自治体レベルでそれぞれ取り組まれているであろうが、制度の全般的な改革ではなくむしろ個別の省庁および自治体の部局（たとえば三重県が先駆的に取り組んだ生活部を端緒としたように）の組織効率を高めることにある。システム工学の世界では、全体システムとサブシステムとの整合性を全体最適（global optimum）と部分最適（local optimum）という視点によって検査する。これはリニアプログラミングでいう全体最大化と局所的最大化と同じことを意味する。例えば福祉サービス部門と医療サービス部門でそれぞれのマネージャーが、それぞれ自部門の顧客数の最大を目指したとして、これが部分最適型行動である。部分最適型行動は経営資源をすべて自部門に投入することが可能であるという意味においてオープン・システムである。一方、先ずは社会全体の利益を考え、その後にそれを自部門に振り向けて考えるのが全体最適型行動である。この場合は経営資源を制約とした目的関数の最大化という意味でクローズド・システムである。

　NPM はこうした最適数量モデルを前提とした考え方を取り入れないといわれる。しかし、むしろ行政サービスを目標管理型システムにおくかぎり、行政サービスの多くが量のみでなく質との積であり、住民の主観的な満足を表現する指標を全般的に数量化するにはあいまいにならざるえない、というべきであろう。住民の心理的な満足（ニーズ）を需要に変換するために市場は有効である。したがって、NPM は市場原理の導入を提唱する。ミクロ経済学が教えるように、本来的に市場原理が作用する基本的な環境が整っている必要がある。

NPM は、市場化可能なサービスの民営化、サービス供給のための投入物調達（政府調達）方式の一般競争入札化、PFI (Private Finance Initiative) などの実施レベルにおける民間主体の導入などを予定している。NPM の可能性は、純便益の最大化（総費用一定で総便益最大化あるいは総便益一定で総費用最小化）というクローズド・システム（経済学）を前提に「費用を最小化しつつ、同時に収入を最大にする」オープン・システム（経営学）へのシフトによって得られる期待効果に依存するであろう[8]。

3 政策実施主体の誘因と帰結

3.1 行政部門の誘引と X-非効率

政策の実施は、これまで行政の専任であった。その際、公的生産 (public production) と公的供給 (public provision) とは区別されなければならない。一般行政サービスは公的生産に属し、道路などの社会資本整備、すなわち公共事業は公的供給に属する。公的生産部門は、日本の場合その多くが民営化の対象になり、すでに民間部門になっている。公共部門の民間部門への転換が行われたのは、対象となっているサービスが本来的に市場化可能である、という理由にすぎない。もちろん生産あるいは供給が、民間市場部門でも政府公共部門でも可能である領域が存在する。どちらの部門で行うかは、政治的決定、すなわち公共選択に依存する。

しかし、ここでの問題は効率性に関連する。すなわち経営資源（主に予算）の配分における X-非効率が存在する。X-非効率は、技術的に最小の限界費用で生産を行う誘引の欠如に起因する。生産にかんして独占的な地位にある場合、技術的に最小の限界費用で生産を誘引することはなく、費用削減効果のない慣性による生産が行われる傾向にある[9]。公共部門では競争環境を欠き生産の最適性が保証されない。この場合、非効率を配分非効率と X-非効率に分けて分析がなされた。

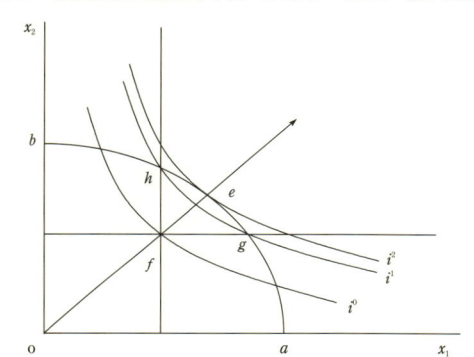

図2 独占的行政部門の X- 非効率：産出 - 投入空間

X- 非効率を産出 - 投入空間で示したのが図2である[10]。

凸曲線 ab は投入フロンティアを表す。生産は、e 点と f 点の間で行われる。生産水準は $i^0 < i^1 < i^2$ である。g 点および h 点は、投入の費用関係のもとで実現される投入の組み合わせ（x_1, x_2）にたいする部分最適点である。g 点では、x_1 の過剰投入と x_2 の過少投入のため生産の損失が発生している。h 点は反対の状態である。パレート最適点は実現されず、ナッシュ均衡になる。目標管理型による政策評価システムでは、$i^2 = 100$、$i^0 = 60$ とすれば、$60 < i^1 \leq 100$ であればよい。

パレート最適の実現は競争を前提としているが、一般に、民間部門への転換が可能な公共部門を除けば、生産主体として一般行政部門に競争を導入することは容易ではない。政府調達に一般競争入札を導入することを通じて、不特定多数の参加による競争がより安価な調達をもたらす、と期待されている。しかし、公共サービスの民間委託、外部委託や指定管理者制度の導入は結果としては単一の生産主体を意味しており、一定期間であるが、産出にかんしては独占的な地位を容認することである。独占的な地位を求めて費用削減（その多くが人件費削減）が主な誘引となれば、公共サービスの質にたいする担保が問題となろう。独占を公的に容認する場合、経済学的には平均費用が逓減する、言い

換えれば大規模生産の有利性がある場合に限定されている。独占の弊害は公共料金として価格規制が行われるが、この場合、X-非効率の問題を解決するであろうという期待のもとで民営化が行われ、JR や NTT が誕生したことはまだ記憶に新しい。

公共サービスを生産・供給する主体の努力とその成果の関係を簡単な契約モデルで示すとつぎのようである[11)]。行政当局は公共サービスの供給主体として直接生産に携わらないで、実際の業務を外部に委託するとしよう。事業者が費用 e を必要とする努力を行うと、プロジェクトが成功する確率が増加し、π'（$>\pi$）になるものとする。そして $\pi'B-(C+e)>\pi B-C>0$ とし、努力することが望ましいものとする。ここで B はプロジェクトがもたらす次期の収益を、C プロジェクトの今期の資金をそれぞれ示す。プロジェクトが成功した場合の報酬を r とする。事業者が努力したかどうかについては情報の非対称性が存在し、行政当局にはわからないものとしよう。

事業者の利得を考えると、努力を引き出すためには
$$\pi'(B-r)-e \geq \pi(B-r)$$
でなければならない。これが事業者の誘引両立制約である。これにたいして行政当局がプロジェクトの費用を支出する場合、行政当局の主体的合理性制約は
$$\pi'r-C \geq 0$$
である。したがって、
$$B-\frac{e}{\pi'-\pi} \geq r \geq \frac{C}{\pi'}$$
しかし、このことが常に成立するとはかぎらない。
$$B-\frac{e}{\pi'-\pi} < \frac{C}{\pi'}$$
の場合には、支出はされるが望ましい努力が行われない、といういわゆるモラル・ハザードの問題が発生する。

公共サービスを官製で行うよりも NPM が示すように民間に委託する場合、

そのモデルはエージェンシー関係の分析枠組みと結びつく。取引の一方の当事者が他方の当事者に、意思決定権限の委譲を通して自分の代わりに職務を遂行してもらう関係をエージェンシー関係（agency relationship）という。依頼人を「プリンシパル」、代理人を「エージェント」と呼び、プリンシパルとエージェントの利害不一致と、プリンシパルがエージェントの行動を観察できないという特徴とが、モラル・ハザード、Arrow（1985）の隠された行動（hidden action）の誘引問題を引き起こす。行政当局と顧客住民との関係をエージェンシー関係とみなす場合には、行政当局の誘引、モラル・ハザードを解決しなければならない。

3.2 地域協働モデルの実行可能性

　NPM の適用は、新しい局面を展開している。国、地方を問わず日本では政策過程の中心主体は基本的には行政である。しかしながら「公共即官」という発想に決別し「新しい公」の模索が始まっている。とくに住民により近い自治体行政においての模索は特徴的である。首長は戦略計画を策定し、個々の重点的な政策目的に見合った計測可能な数量目標（benchmark）を設定・明示する。戦略計画の基本的なビジョンは首長の公約あるいはマニフェストとなる。基本的なビジョンの具体化のプロセスで住民のニーズを調査し、それを背景に施策の体系化が図られている。戦略計画の具体案の作成は、基本的には行政当局の役割であるが、住民のニーズをどのように反映させるか、その仕組みをどのように設計・構築するかといった観点から地域協働モデルが模索されている。

　NPM は、周知のように、マネジメント・サイクルを主要な装置として組み込んでいる。その際、執行部門の生産性の上昇と公共サービスの内容にたいするアカウンタビリティの確保に限定するのか、あるいは外部評価を重視し、住民参画あるいは住民や、行政でもない、個人でもない、中間的な新たな主体である NPO との協働などの参加型システムを指向するのか、ふたつの考え方が

ある。後者は住民顧客主義をさらに発展させ、住民を利害関係者（stakeholder）として認識している。企業が直面するprosumerに類似した考え方である[12]。

　地域協働モデルは、NPMの政治的側面、とくに民主主義との関係において観察されるであろう。オレゴン州（USA）では、州政府レベルの戦略計画を基本とし、その政策目標として住民にとってわかりやすい社会指標を選び目標値を設定することで、住民・議会・NPO・産業界といった利害関係者とのコミュニケーションに重点が置かれている。戦略計画は「独立委員会」が策定する。しかしその際、パートナーシップを重視し、責任・役割分担を明確にする（shared accountability）ことをめざしており、住民は事前・事後両面で政策決定プロセスに参画することができる。このモデルは目標値設定型協働モデルと呼べる。このモデルの日本における鏡像版を、たとえば三重県の「みえの舞台づくり百人委員会」（2006年度）に見ることができる。総合計画「県民しあわせプラン」について、戦略計画（2007-2010年度）策定の段階で地域社会で自ら率先して活動している県民の提案を取り入れる住民の事前における政策決定プロセスへの参画のツールが確保された[13]。

　住民を利害関係者と見なすことの意味連関は、住民の効用関数をどのように評価するかである。戦略計画の策定に際しては、都市・地域開発、環境、景観、福祉、医療、文化など関係する領域ごとに区分される。他方で、地理的・空間的な条件が勘案される。合意の計算は不可欠にならざるをえないし、参加型社会の決め方の論理を避けて通ることはできない。参加型社会における合意形成を考えるとき、無視することのできないいくつかの重要な落とし穴がある（谷口（2004））。PI（Public Involvement）や社会実験のパラドックスである。計画決定でも廃止でもないペンディングされた計画の意思決定の引き延ばしは、それだけで実質的に大きな費用を生む場合が多い。PIと社会実験の繰り返しから得られる利益は、首長にとって住民重視度の指標であり、行政当局にとっては社会実験や調査に関連する予算として具体化される。手段の目的化で

ある。機会費用（opportunity cost）、取引費用（transaction cost）および埋没費用（sunk cost）を計算しなければならない。

　さらに、首長や行政当局ばかりでなく、関係者に共通する問題が指摘される。すなわち社会的フリーライダーの存在である。経済学にはフリーライダーの概念とその存在がもたらす社会的費用の分析があるが、社会的フリーライダーは貨幣的便益を追及するというよりも自己実現のために、あるいは自己の強い信念にもとづいた行動の結果発生する。しかし、人間行動自体が相互依存の世界にあり、そのかぎりでは、この場合には外部不経済という外部費用を発生させている。したがって、経済的な合理的な計算の想定外のところで生起するフリーライダーを排除することが、地域協働モデルではひとつの要件である。

　もうひとつの要件は、個人主義と自由主義を前提として、公共性を重視した計画にたいしてどのような反論を展開してもよいというのは、民主主義の曲解（アンチ・プランニング・ムーブメント）であるから、それが容認されることがないように専門的で中立的な立場の人間を構成員とすることである（谷口(2004)）。地域協働モデルが、ここでは、取引費用を分析概念として含んでいることに注意しなけれならないであろう。

4　結　論

　経済合理性にもとづいたモデルを公共部門に適用することのもっとも重要な意義は、直面する財政制約の厳しい現実のなかで最適な資源の配分を行うかということに気づかせたことにある。これは行政評価の面では執行評価につよく関連する。すなわち、執行評価は、インプットとアウトプットの関係を生産関数で明らかにし、生産の効率性の指標で評価される。他方、経営者モデルを公共部門へ適用することの主要な意義は、国民あるいは住民という顧客の価値の向上が実現されているかという視点を導入したことである。これは行政評価の

面では政策評価に関連する。

経営戦略とパフォーマンス（成果）に立脚した行政システムへの転換、すなわち「ハイパフォーマンス・ガバメント」（高い顧客バリューを実現する政府）は「効率的な政府」がそうであるように「スモール・ガバメント」（小さな政府）とは同義ではない。公的活動に向けられる資源の効率的な配分を実現することは、社会的満足の水準を向上させることであり、分配のフロンティアを拡大することを意味している。そのかぎりでは、経営者モデルはその公共部門への応用にさいしては、最適モデルから自由ではない。

政策評価と執行評価の両面に関連するのが地域協働モデルである。顧客が自らの価値の向上を自らの手で計画し、実行するという要素を取り入れる方向で模索されているのが、たとえば三重県の「新百人委員会」（仮称）であり、「松阪市環境基本計画」のなかにある「松阪市環境パートナーシップ会議」（三重県松阪市）である。ともに2008年度実施を予定している地域協働モデルである。協働モデルの根底には、集合的意思決定がある。本来、集合的意思決定は、利害の対立した意思決定主体のそれぞれの利益のみにもとづいた選好構造をそのまま集団全体に反映すべきものではなく、それぞれの意思決定主体が社会的倫理性から相互に立場を理解し、パレート改善をめざした集合的意思決定を行うことが望まれている。したがって、地域協働モデルでは、合意の計算と社会的フリーライダーに関連する費用最小化問題を回避することはできないであろう。

注
1）この項は、拙稿「公共政策過程における経済人」（『三重中京大学研究フォーラム』第2号、2006年）を加筆修正したものである。
2）Simonの合理性を日本行政の文脈のなかで研究したものとして、最近ではたとえば橋本（2005）を参照。
3）DNAの二重螺旋構造の発見者である Franncis Harry Compton Crik の言説は象徴的である。すなわち、生物学において、単純化のための仮定を設けもっともらしい数学モデルを創ることがあまりにも多い。理論家が思考をめぐらすだけで生物学

上の問題を正しく解くことはほぼ不可能である。したがって、理論家のできる精一杯のことは、実験の方向づけをすることである。和田（2000）を参照。
4）同様の文脈で、アドミニストレーションとマネジメントの相違を「管理」という視点で見ると、つぎのようになる。
　行政サービスは、法律に定められて手続きに従って提供されねばならない。民間企業の長は独自の考えにより意思決定できるが、行政機関の長はサービス提供までの時間および費用（機会費用、埋没費用、取引費用および外部費用）を考慮しなければならず、制約が多い。武田他（2000）を参照。
5）上勝町の方式は後述する地域協働モデルのひとつの事例である。寺本（2007）を参照。
6）アメリカの経済学者 Krugman が住んでいる町では、住民一人ひとりが個人的に廃棄物処理サービスに登録をしているが、埋立地は提供していない。廃棄物処理サービスがその自治体に対価を払って、住民のごみを捨てる権利を購入している（Krugman（1996））。
7）廃棄物の輸出（国外処理）は、一定の法律（日本の場合には「廃棄物の処理及び清掃に関する法律」）にしたがって実際には行われている。
8）周知の通り、アメリカのビジネススクールでは、「経済学」は必須科目である。近年、とくに「戦略の経済学」（Economics of Strategy）としてミクロ経済学を企業の経済行動を理解するうえでもっとも基本的な経済学としている。Besanko et. al（2000）、IMD（1997）を参照。経営戦略は長期的というよりも短期的であり、戦略の陳腐化も早い。その場合、普遍的な分析ツールを備える経済学の有用性が顧みられている。そのかぎりでは、経済学の分析概念やツールが不要であるということを意味しない。
9）この分野の経済分析については Niskanen（1994）を原点とする。寺本（1984）も参照。
10）予算配分における X-非効率は、政府調達の限界費用を技術的最小費用より高めの費用を想定すれば、Niskanen モデルによって説明できる。たとえば寺本（1984）を参照。
11）以下の説明は、内田（2003）を参考にした。
12）consumer（消費者）と producer（生産者）を組み合わせた造語である（Toffler（1980））。成熟した高度消費社会においては、マスプロダクトだけでは個人的に満足できる商品を見つけ出すことは難しくなっている。既存商品に満足せず、自分の求めるものを手作りしようとする、クリエイティブ志向の消費者が生産過程に組み入れられることによって、生産と消費が一体化した新しいタイプの生活者である。具体例としては、インターネット上にコミュニティをつくり、企業が製品アイデアや意見などを募集したり、ネットで公開された消費者の製品アイデアに企業が参加するなど、企業と生活者が共同で商品開発を行うマーケティングの手法に取り組む企業が出てきている。
13）2009年度には、この仕組みをリファインし、引き続き住民の事前における政策決

定プロセスへの参画を展開するための検討会が設置されている。

【引用文献】

Aoki, Masahiko (1988) *Information, Incentive, and Bargaining in the Japanese Economy*. Cambridge : Cambridge University Press. (永易浩一訳『肩本経済の制度分析：情報・インセンティブ・交渉ゲーム企業・市場・法』筑摩書房、1992年。)

Arrow, K. J. (1985) "The Economics of Agency." In J. W. Pratt and R. J. Zeckhauser. (eds.) *Principals and Agents : The Structure of Business*. Boston MA : Harvard Business School Press. ch.2, pp.37-51.

Becker, Gary S. (1983) "A Theory of Competition among Pressure Groups for Political Influence." *Quarterly Journal of Economics*. Vol.98. pp.371-400.

Besanko, David, David Dranove and Mark Shanley (2000) *Economics of Strategy*. New York : John Wiley & Sons, Inc. 2nd. edition, (奥村昭博・大林厚臣監訳『戦略の経済学』ダイヤモンド社、2002年。)

Buchanan, James M., Robert D. Tollison and Gordon Tullock. (eds.) (1980) *Towards a Theory of the Rent-Seeking Society*. College Station : Texas A & M Press.

Cohen, M. D., J. G. March and J. P. Olsen (1972) "A Garbage Can Model of Orga-nizational Choice." *Administrative Science Quarterly*. Vol.17. pp.1-25.

Dixit, Avinash K. (1996) *The Making of Economic Policy : A Transaction-Cost Politics Perspective*. The MIT Press.

Easton, David (1965) *A Framework, for Political Analysis*. Printice-Hall.

Ezioni, Arnitai (1967) "Mixed-Scanning : A 'Third' Approach to Decision Making." *Public Administration Review*. Vol.27. pp.385-392.

Haggett, P. (1996) "New Modes of Control in the Public Service." *Public Administration*. Vol.74. pp.9-32.

橋本信之 (2005)『サイモン理論と日本の行政—行政組織と意思決定』関西学院大学出版会。

IMD International, The London Business School and The Wharton Schoon of the University of Pensylvania. eds. (1997) *Financial Times Mastering Management*. London : Finacial Times. (森正人・佐藤哲訳『競争戦略の経済学』ダイヤモンド社、2001年。)

ジョン・メーナード・ケインズ、救仁郷繁訳 (1969)『説得評論集』ぺりかん社。

小島祥一 (2007)『なぜ日本の政治経済は混迷するのか』岩波書店。

Krugman, Paul (1996) "A Country is riot a Company." *Harvard Business Review*. January-February.

富州公男 (1993)『政策科学の基礎』東洋経済新報社。

Niskanen, William (1994) *Bureaucracy and Public Economics*. Edward Elgar Pub 2nd. edition.

大住荘四郎 (1999)『ニュー・パブリック・マネジメント　理念・ビジョン・戦略』

日本評論社。
大住荘四郎（2002）『パブリック・マネジメント戦略行政への理論と実践』日本評論社。
Sharkansky, Ina（1975）*Public Administration : Policy Making in Government Agencies*. Rand McNally.
Simon, Herbert A. ed.（1996）*The Science of the Artificial*.（稲葉元吉・吉原英樹訳『システムの科学』パーソナルメディア、1999年。）
武田安正・後藤浩・吉竹正樹（2000）『役所の経営改革』日本経済新聞社。
谷口守（2004）「これまでの公共事業における決め方」木下栄蔵・高野伸栄編『参加型社会における決め方―公共事業における集団意思決定―』近代科学社、第2章、17-21ページ。
寺本博美（1984）『公共支出の経済分析―決定要因と官僚機構』成文堂。
寺本博美（1999）「財政構造改革下の地方財政―とくに地方分権と財政選択の理論を中心に―」網辰幸・藤原宣・江川雅司・大浦一郎・平井源治編『現代財政の研究』中央大学出版部。
寺本博美編（2007）『循環型地域社会のデザインとゼロ・ウェイスト』（三重中京大学地域社会研究所叢書8）和泉書院。
Tofller, Alvin（1980）*The Third Wave*.（鈴木健次訳『第三の波』日本放送出版協会、1980年。）
Tollison, Robert D. and Rover D. Congleton. eds.（1995）*The Economic Analysis of Rent Seeking*. Edward Eleger Publishing Limited.（加藤寛監訳『レントシーキングの経済理論』勁草書房、2002年。）
内田浩史（2003）「金融分析と契約理論」伊藤秀史・小佐野広編『インセンティブ設計の経済学契約理論の応用分析』勁草書房、27-50ページ。
和田哲夫（2000）「新しい制度の経済学（NIE）について」『郵政研究月報』第2巻、85-90ページ。

第3章　河村瑞賢にみる政策企画の知恵

相　原　　　正

1　はじめに

　三重中京大学大学院政策科学研究科開設10周年記念の場ですから、筆者の専門領域ではないのですが、三重の地と政策科学に関連した話題であり、筆者が近年関心を抱くようになった河村瑞賢（三重の地で生まれ、日本史における稀代の政策企画マンといえるでしょう）の仕事を通して、彼の政策企画にみられる「知恵」について考えてみようと思います。

　とはいえ、河村瑞賢については、自筆文書、日記、河村屋の帳簿、営業日誌など、重要な資料が皆無である、とまで言われています。これまでにも先達の優れた書物をいくつか紐解いてみたのですが、素人目にも、逸話、伝承のたぐいに近い記録や、幕府や諸藩の記録、新井白石の書物などの資料によって河村瑞賢が論じられていて、史実がじゅうぶん明確でない、あるいは史実が担保されていないと思われる記述が目立つ、と言っても過言ではない状況にあるようです。ただ、本稿は歴史研究の論攷ではないし、史実の検証なども筆者の能力に余るので、先達の記述（逸話、伝承にすぎないと思うものも含めて）に頼りながら、理論経済学を学んでいる者の目からみて現実に近いのではないかと思われるものを手探りし、「瑞賢の知恵」のなかにある現代にも通じる政策企画の要諦を探り、記念の稿としたいと思います。なお、本稿では本文を読み易くするため多くの記述を注としていますので、後でかまいませんので、本文だけで

なく注もご一読ください。

2　河村瑞賢という人

　河村瑞賢は、1618年2月、現在の三重県南伊勢町東宮で生まれ、13歳のとき、河村家の縁者を頼って奈屋浦沖から船で江戸に向け旅立ち、江戸では車力や人夫など、いまでいう派遣ないしフリーターのような仕事をする暮らしから身を起こした人だと伝えられています。江戸に出た当初の生活は、今でいう派遣、フリーターみたいなものでしたから、やがて将来についての夢も希望も失ったようで、一度は挫折します。

　挫折した瑞賢は身辺を整理し、再起のため金2～3分（大金ではありません）を懐にして一人で大阪に向かったとされます。大阪へ向かう旅の途中の小田原で偶然出会った老人から、「江戸でだめなものが大阪で成功するわけがない、これからは江戸の方がチャンスは大きいはずだ」と諭され、考えを改めた瑞賢は、江戸に戻っての再起に賭ける決心をします[1]。江戸に戻った瑞賢は、最初の成功話である漬け物の製造販売[2]、ついで壁土の製造販売といった仕事を経て土木請負業を始め、さまざまな逸話、伝承を生むような知恵と工夫を発揮することで名をはせ[3]、成功を収めます。そして出会うことになった明暦大火（いわゆる振袖火事）に際しては、機転を利かせていち早く一人の手代をともなって木曾に走り、山林を買い占めて巨額の利益を得たと言われています。

　この山林買占めにあたっては、すでに成功者であったにしても大金持ちではなかった瑞賢が、全財産を手付けとして支払って山林を買い占めたと言われています[4]。しかし、もしそうだとすれば有り金すべてを手付けに使ってしまった瑞賢にはもうお金が残っていないはずで、約束通り代金を支払って大量の材木を引き取り、それを売って儲けを手にするなどできなかったはずです。史実のほどははっきりしませんが、この困難に対して瑞賢は、大火後の復旧工事でどうしても材木が欲しい人に「材木を買う権利」を売ることによって、木曾で

結んだ取引契約を完結させ乗り切ったようです。この手法は、近年話題の金融デリバティブの世界で言うところのコール・オプションに類似した手法であり、それを活用していると言えなくないのですから驚かされます。

この明暦の大火を商機として大儲けした瑞賢は、その後、東西航路の刷新をはじめとして幕府や諸大名から治水などの仕事を数多く請負うようになります。今でいう総合ゼネコンないし開発プランナーのような仕事です。このため瑞賢は、賄賂を使って工事を受注して利益を追求する悪徳特権商人（業者）のように言われ、商人としての評価を不当に低められたりもしました[5]。しかし実際には、特権商人として大儲けしたと伝えられる割に瑞賢の周囲には、奈良屋や紀伊国屋のような吉原での散財といった、大きなお金の動きが見えてこないのが不思議で面白いところです。

後に見るように、彼の仕事は今日の日本経済の基礎を創ったといっても過言ではない性格をもつスケールの大きいものが多かったので、世間の目からは大儲けしたように思われたのでしょう。しかし、明暦大火の後、彼が力を注いだ仕事の実態と動いたお金から見れば、瑞賢は「利よりも理や実を大切にした」エンジニア、総合開発プランナーであったといえ、彼の仕事は自らの利益を追求するというより、財政難に苦しむ幕府や藩、住民のために、知恵と工夫によって請負った仕事のコストの引き下げを図る、あるいは事業のコスト・ベネフィットに対する配慮に苦心する、といった姿を数多く垣間見せるものでした。

3 東西航路の政策企画における瑞賢の知恵

江戸のような巨大消費都市の発展は、そこにおける人々の生活を支える物資の輸送システムなくしては考えられません。輸送インフラの整備なくしては、巨大都市における人々の生活も、商人たちの繁栄も成り立つはずがないのです。

輸送経路が確実でなかった時代に構築された瑞賢の東西航路は、江戸の発展を支え日本を一つに（経済的にボーダレス化）する流通・生産革命を起こす動きを支えることになりますが、海運のプロではなかったはずの瑞賢ですから、実際に港を造り、航路を開拓したという記録はほとんどありません。実際、この頃、東西航路にはすでに船が走っていたし、海路が大きなリスクを伴うものであったにせよ江戸という巨大消費都市の成立・発展とともに「人は道、物は海」という時代がすでに到来していたのです[6]。

　実際に瑞賢が手がけたのは、航路や港造りではなく、安全な海運システムの構築だったといえます。最初に手がけた東回り航路ついていえば、発展する江戸の人口を支えるためにも奥羽から安全・確実に大量の米を輸送するシステムの確保が必要とされていたのですが、当時、陸路は険しい悪路が円滑な大量輸送を阻み、大量輸送が可能な海路は海難事故が多く、輸送における人的・物的損失が非常に大きいという問題を抱えていました。

　幕府では当初、幕府米の大量輸送を安全・確実に行う必要から、それまでは民間にゆだねていた海上輸送を、幕府でより堅牢な船を造り、官営海運を行うことによって問題の解決を計ろうと考えたりもしたようです。しかし、それには莫大な資金が必要になることが明らかで、どうすべきか幕府は悩んでいました。

　幕府から解決策を問われた瑞賢は、実態調査にもとづき、利を求める民間の自由な活動が過積載や無理な運行等による危険な海運をもたらせている原因であると看破しました。そこで瑞賢は、安全確保のために、船乗りの出身地（技量を確保）や輸送に使う船の規格を指定したり、積載制限を設けたり、菅島に日本初の公設灯台を設けたり、安全のためのチェックポイントを設けたり、領主に対して、危険を避けるため船が気楽に港に入れるよう入港税を課さないようにさせたり、海難に遭った時のバックアップシステムを定める、といった提言を行い、その実現に努めました。

　また、それらに加え、船乗り達の食料である米などを余分に積み込めるよう

にも定め、危険が生じた時、最初にそれを捨てさせることで船と積荷（城米）、人命の安全確保を図らせようとしたりもしています。ここで面白いのは、瑞賢は、食料を余分に積み込むことで船が事なく江戸に着いたとき余る米を、船乗り達が米価の高い江戸で売って儲けて良いことにしたことです。瑞賢のこの仕掛けは、罰ではなく「身の安全と金銭的利益」というインセンティヴを与えることによって、船乗り達が「邪心を捨て進んで規則を守る」ように仕向けたものといえます。

瑞賢のこの知恵は、近年、ゲーム理論の世界でインセンティブ・コンパチブル・メカニズム（誘因両立機構）[7]として知られるようになった仕掛けに相当するものに近いのですが、机上の論ではなく実際に設計・適用されこれほどの成功を納めた事例は、現代でも無いに等しいのではないでしょうか。ここに瑞賢の東西航路刷新政策企画における知恵があり、この目の付けどころは、現代においても学ぶべきもの多といえます。瑞賢は、そうした仕掛けのある規制を工夫することによって、先人の開拓した海路・海運を、安全かつ低コストの物流システムとして再構築したのです。

この東西航路刷新によって海運の安全が当たり前のことになったことの意義は、それまで人の心の中で日常のものであった海難事故が、これによって非日常のものとなり、人々が海難事故を大事件と意識しはじめるようになって、やがて海難事故があれば、一大事件として海難の碑が立つようになったというような話からも、理解できます[8]。

米価の地域差が5倍とか8倍とかあった時代に、安全かつ大量輸送ができる海運システムが確立したのですから、そうした「利鞘」が商人たちのエネルギー源となったのは当然です。藩という個々の国の集合体にすぎなかった日本は、そうした商人たちのエネルギーによって、経済的には藩という国境が打ち破られ、ボーダレス化した「日本経済」となり、各地の特産品が大規模に全国流通する道が開かれ、貨幣経済が活性化し、資本蓄積が進んでいったのです。江戸期商人の活躍は、瑞賢のこうしたインフラ整備なくしてあり得たのでしょ

うか。瑞賢のこの仕事が、江戸期、そして明治維新後の日本経済発展のための基礎を創ることになったのだ、と言っても過言ではないでしょう。

とはいえ、こうしたシステムの大改革は、既得権益をもつ人々や、それまでのやり方でうまい汁をすすってきた人々の反感や、さらには瑞賢に対する批判をもたらせたりもします。しかしこの改革は、先に述べたような大きな発展をもたらすインフラ整備であったので、結局は多くの人々に好感を持って迎えられることになったのだと思います[9]。

今日の規制緩和論や単純な民営化論とは一味違う民間活力の引き出し方ですが、瑞賢の知恵には、現在でも学ぶべきものが多くあるのではないでしょうか。

4　淀川治水事業にみる瑞賢の知恵

次に、瑞賢にとって最大の仕事であり、大阪の経済的発展の基礎を作った淀川治水事業について見てみたいと思います。淀川治水は、必要性に迫られつつも幕府にお金がなく、4万両とか5万両におよぶとされる事業費の捻出ができないことが大きな課題となっていたものです。当時の大老堀田正俊から相談を受けた瑞賢は、水源から河口まで詳しく実態調査を行い、治水工事で出た土砂を使って土地を造成し、それを商人達に売って資金を捻出するとか、寄付をつのるとか、お金のかかりすぎる大和川附け替えを止めるといった計画自体の見直し、工法の工夫（新工法に必要な機材は、驚くことに瑞賢の私財で調達したようです。とても私利を追求すべき商人のやることとは思えません）、ボランティア労働力の確保といったことなどによって、純出費を約半額に抑えながら、同時に川を使った物流のもたらす長期ベネフィットに配慮したり、治水のために川上の植林を提言したりするといった現代的提言をし、その計画を実施に移します。そのあたりが理で利を多角的に追求する瑞賢らしい発想といえるでしょう。もちろん瑞賢の最初のもくろみ通り、一回で治水事業が成功するほ

ど自然は甘くありません。後に手直しの工事も行われ、結局2度に渡って工事は行われます[10]。この治水と水運インフラ整備、販売された造成地における商いの発展などに支えられた大阪は（瑞賢は、自らかかわった西回り航路を活用できるように、大阪を海に向かって開かれた湊町として造りました）、その後大いに発展し、つい数十年前まで、その経済力を江戸（東京）に匹敵する位置に置き続けることになるのです。

彼最大の事業ですら、こうしたコストカット重視、私財持ち出しをともなうものでしたから、紀伊国屋や奈良屋のように一工事で何十万両といった儲けを簡単に手にできるわけもありません。彼の手に大金が見えないのも、ある意味当然かもしれません。また、そうした人であったからこそ、幕府をはじめ諸藩から信頼を得て多くの仕事を頼まれ、晩年には将軍に謁見して幕臣（直参旗本家）として取り立てられ、河村家の再興という念願が叶うことになったのでしょう[5]。

国も地方も財政難に苦しむなかで、地方経営の時代と言われる行政企画競争の時代を迎えようとしているいま、こうした瑞賢の知恵には学ぶものが多いのではないでしょうか。現在でも民間の発想が大切だといわれ、コスト・ベネフィットへの考慮が政策企画において大切だと言われます。確かにその通りです。しかしながら、瑞賢の知恵においては、きちんと計算できっこないベネフィットについては、それが向かう方向を考慮しても、不確かさのあるベネフィットと確実に出費がともなうコストを直接比較しようとしていません。工事に何らかのベネフィットがあり、やると決めた工事を行う以上、工事によって派生的に造成した土地を商人達に売ってお金を手に入れようとするなど、事業自体の現金収支に目配りして純支払い額を減らす努力をしつつ、ベネフィット面はその定性的な動きの方向のみを考慮しているのです（大和川の付け替え問題における扱い[10]などは、水運をめぐる配慮の中で行われたのではないでしょうか）。この手法は確実に純ベネフィットを高めます[11]。現代の行政における政策企画は、きちんと把握できないベネフィットを、しばしば「鉛筆をな

める」といわれるようなやり方で「膨らませることが可能な計算方法」で算出し、それとコストを比較することで満足していますが、それだからこそ、実際には採算がとれそうもない事業企画が実施され、コストの切り詰めに甘さが残って財政を圧迫し、後に大きな禍根を残すことになってしまうのではないでしょうか。ここにも政策実施における知恵として、瑞賢には学ぶべきものが多くあるように思われます。

5　むすびにかえて

　瑞賢のこうした活動は、全国各地に広がっているだけでなく、知恵と工夫にあふれた面白い話が数多く伝わっています[3]。そうした伝承にもみられる工法などのアイデアは当時の人々を驚かせ、つい何十年か前までごく普通に使われたと聞く「瑞賢の知恵」という言葉を生むことになります。しかもその背後にある政策企画の面でも、財政難に苦しむ状況の中で、幕府、諸藩、住民のために、現代にも通じるような問題に正面から取り組み、現代においても、理論的にはともかく実際に適用するとなると疑問符を抱かざるを得ないような手法を、知恵と工夫とによって場面にあわせた適用をし、合理性と効率性を同時に追う形で問題を解決してきた瑞賢の知恵には感嘆せざるを得ません。私たちはそうした瑞賢の仕事を知ることを通して、知恵を知恵としてではなく、その使い方を学びとらねばならないのではないでしょうか。

注

1) 江戸で瑞賢を受け入れた縁者は江戸の河村屋であり、河村姓ですが、実際は河村家と親子三代にわたる親しい交流があった脇家の人のようです。この点は、大西吉郎『瑞賢の熱い眼差し』中日新聞出版開発局（pp.127～133）が丁寧で興味深い考察を展開しています。
　　また、小田原にある「河村城」が河村一族の発祥の地（大西吉郎『前掲書』p.30）であるとされていることを考え合わせると、小田原で偶然めぐりあった老人に諭されたという話は、伝承としても、いかにも話が出来過ぎのように思われます。

河村家再興を長男に託した伊勢の河村家、江戸の河村家（脇家）、檀家寺、さらには小田原の縁者たちといった人々の連携のなかで、挫折感を抱いた若い瑞賢に「自分を見失うことなく自立の道を探るよう、禅宗の僧に教導と手助けを依頼した話ではないか」とういう大西吉郎氏（『前掲書』p.164）の見解は、実に興味深いものであり、より事実に近いのかもしれません。

　また、大西吉郎氏は、禅僧の鈴木正三（徳川家康・秀忠に仕えた旗本武士から出家した人で、江戸期における商の発展に大きな役割を果たすことになる思想的背景を築いたといえる人です。正三については神谷満雄『現代に生きる勤勉の精神』（PHP研究所、2001年）の経済思想との係わりにもふれていますが瑞賢と直接の係わりはないようです）、この点も小田原の老人（禅僧、鉄心という説もあるが確証はありません）との関係で経済思想的には興味深いものがあります。

　ところで、瑞賢が大阪での再起を考えることになったきっかけについてですが、当時の経済状況と河村屋における瑞賢の立場（すでに河村屋を支えるべき責任ある立場の人であったと思われます）からみれば、私は、不況の中で江戸河村家（脇家）の商いが躓いたことにあったのではないかと想像していますが、これも何ら確証のあることではありませんが、挫折＝大阪は、ちょっと短絡的すぎるように思います。

2) 多くの瑞賢伝では、品川まで戻ってきたとき、精霊にそなえた瓜やナスが捨てられて崖下（海岸）に漂流していたのを見つけ、乞食（子供たちという記述もみられる）に銭を与えてそれらを拾い集めさせ、同時に古樽を買い、それを塩漬けにし、人夫の働いている場所で売って儲け、それを元手に店を構えたと伝えられています（古田良一『河村瑞賢』日本歴史学会編集、吉川弘文館、p.8、など）。しかし、これは「他の商人にもよく似た話がある」という記述も他の文献に散見されるので、おそらく無駄を排除してコストを下げる「もったいない精神」の教訓話ではないかとも思われ、怪しさが残るようにも思われます。この点に関して、大西吉郎氏は、河村家と小田原の関係から、当時、小田原にあった人気店「美濃屋」の「梅干し」や当時の新商品「イカの塩辛」の味をヒントにして、瑞賢が企画して始めた商売ではないかという見方を示しています。この説には、実に興味深いものがあります。

　けだし、現代の「百均」においても、しばしば言われるような倒産バッタ商品や海外からの安値仕入れというだけでは商いが継続して成り立つわけもなく、実際には、「機会費用」や「埋没原価」の概念を活用した商人の知恵にもとづく商品企画が重要な役割を果たしていることに思いをはせれば、精霊流しの野菜を手に入れるだけの商いは継続しないであろうし、人夫を顧客としていたということですから、本当のところは美濃屋の味をヒントに、通常とは異なる塩加減などの工夫をしたことが商い成功の秘訣だったのかもしれません。逸話では、海に流れていた野菜ゆえ「塩加減がちょうど良かった」などとされていますが、顧客であった人夫向けの塩味加減が良かったことを面白く伝えたもののようにも思えるのです。

3) 瑞賢の知恵として伝わる面白い話としては、たとえば、芝の増上寺の鐘楼の鐘の

修理をしようとしたら工事費があまりにもかかると業者に言われたので、お金の工面に困った寺が瑞賢に相談したところ、瑞賢は近隣の米屋から米を買ってきて鐘の下に運ばせ、その米俵を利用してだんだんに鐘を持ち上げ必要な修理をした後、使い終わった米を米屋に買い取らせることによって、他の業者の見積もりと比べて半額程度の工費で修理を済ませたとか、本堂の棟瓦の修理の場合も、費用のかかる足場を組まず凧を使って縄梯子を屋根に掛けて修理し、工費を他の業者の見積もりの3分の1ですませた、といったものがあります。これらがどこまで史実かどうかは明らかでないのですが、現代的に言えば、紀文（紀伊国屋文左衛門）の「歌（今のコマーシャルソング）」のような、広報戦略的な味付けがなされているのかも知れません。

4）ほとんどの文献が、大火に際して瑞賢が全財産を手に木曾に走り、それを手付けに使って山林を買い占めたと記していますが（大西吉郎『前掲書』p.185、あるいは古田良一『前掲書』p.10、など）、決済代金がなくなる問題は別にしてもこの話にも疑わしさが残ります。私には、瑞賢が、火災で失うかもしれない店、火災後の従業員や家族の暮らしといったリスクを全く考慮しないで全財産を持ち出すほどの危険愛好者とはとても思えず（実際、瑞賢の仕事を見れば、東西航路にしても淀川治水にしても、現代的に言えば危機管理、リスクマネージメントに対する配慮に目を見張るものがあるという事実と、そんな行動はマッチしないように思われます）、おそらく半分か3分の1程度であったというのが実態に近かったのではないかと思っているのですが、本当のところは解りません。

　もう一つの問題は、常識的に言って、徳川家が領し役人が管理していた木曾で、「無名にちかい一介の商人が飛び込みで材木を買い占めることができるか」という点でしょう。しかしこの点については、古田良一氏（『前掲書』p.12）の見解によれば、当時、そうしたこともあり得ないことではなかったようです。

5）筆者は、以前は、瑞賢の仕事の実態からみてこの問題（贈賄）を軽く見ていたのですが、最近、瑞賢がかなりの贈賄をしていたというのは事実かも知れないと思うようになりました。実際、日本一の分限者とまで言われた瑞賢が、奈良屋や紀伊国屋のように吉原で散財するようなことをしていないとすれば、税務調査的に見れば、遺産を含め、儲けたお金の行き先がきちんと見えないからです。

　瑞賢の場合の贈賄は、お金を直に渡すようなやり方ではなく、屋敷を贈るとか、役人の檀家寺へ寄進するような、かなり手の込んだやり方であったようです。ただし、もし贈賄にかなりのお金が使われたとしても、そのねらいは、いわゆる商人としての成功ではなかったように思われます。商人としての成功であれば、やはり三井のように自分でリスクを取って商品を仕入れ売ることの方が政商より儲かる時代になりつつあったのですから、「民」ないし「商」の世界で生きる方が良かったはずです。瑞賢のような人がそれに気づかないということはなかったと思います。また、すでにお金に苦しんでいた権力者からの工事発注は、注3に記したような「瑞賢の知恵」の評判に期待してのもので、安く事業を行いたい幕府や藩の台所事情から、おのずから瑞賢のところに来たはずですから、受注目的で手の込んだ仕掛けの

贈賄など、する必要はなかったはずです。

　贈賄が大規模に行われたとすれば、それは瑞賢の心の中に、商人として成功することではなく、長男であるにもかかわらず江戸に出されたことに対する「ある責任感」があったからではないかと思われます。江戸に「出された」瑞賢は、武士から徳川の世に農民となっていた河村家の再興という一家の願い（おそらく、祖父や父の願いは金持ちになることではなかったと思います）を背負っていたはずで、ここに贈賄の根があるのではないかと思うのです。実際、おそらくあまり儲からないと思われる行政・政策企画の仕事に参入し、そこに力を注いでいたのは、それを通して信頼を得て、武家としての河村家再興ができるのではないかという期待があったのではないでしょうか。そのための贈賄と考えると、手に入れようと思えば不可能でなかったはずの東西航路利権も手にしていないし、上田・白峰（こちらは瑞賢が発見した）銀山経営でも、産銀の半分を手にできるというとてつもない利権を与えられていたにもかかわらず、産銀が軌道に乗るとすぐに幕府へ経営を返上している（軌道に乗るまでの間は利権に何の意味もないはずですから、これでは利権を行使していないといえます）など、商人としての利潤追求行動からみれば理解しがたい行動が、こう考えれば理解できるようになると思われるのです。すなわち、材木商などの商いから「武士の世界の仕事に近い幕府や藩の総合開発プランナー」へと転身し、またそれをチャンスにして河村家の再興をねらう贈賄工作をした、と考えられなくもないのです。

　最近このように考えはじめたのは、先に述べた金の行方がはっきりしないこと（お寺への寄進や白石など学者への援助などが言われているが、それだけで全てとは思えません）と、大西吉郎氏『前掲書』第1編における河村家の事情を解明しようとする研究成果を読んで、河村家の家庭事情を私なりに多少理解したからであり、瑞賢における贈賄も興味深い研究対象かもしれません。素人のうがった見方ですが、そのように考えると、瑞賢の場合、あまりにも一次資料がないのは、河村家の再興の後、武士の家系において「自らも仮の姿と考えた商人の記録」を孫子のために消し去ろうとしたかのように思われなくもないのですが、これには何ら証拠もありません。

6）たとえば、西回りで城米が江戸に運ばれたのは、瑞賢より10年以上も前に、江戸の商人正木半左衛門が幕府の命を受けて行っています（古田良一『前掲書』p. 34）。

7）暮らしの安全のために堤防を建設しようとすれば費用がかかります。堤防建設の費用を、安全という便益の必要性に対する思いの程度に応じて負担させるとすれば、住民は、自分の費用負担を減らすことで利を得ようとして、堤防の必要性を少なく申告するかもしれません。というのは、堤防のような公共財は、費用を負担しなくても、完成すればそれによって安全という便益を享受できるからです。実際、便益に応じて住民に費用負担をさせる場合、住民全員の費用負担申告額合計が堤防工事費に等しいかそれを上回る場合にのみ堤防建設工事を行うことにすれば、嘘をついて「ただ乗り」を計画する人（毎年の水害で皆が堤防を欲しがっているので、

自分以外の人たちの費用負担申告額合計でじゅうぶん工事費が賄えると考え、自分の費用負担申告額をわざと過小に申告する人）が多くなると、皆の「本音」でみれば、全員の費用負担申告額合計が工事費を上回るような場合であっても、結果として、全員の費用負担申告額合計が工事費を下回ってしまって、堤防が建設できなくなります。こうした事態のことを誘因非両立といいますが、そうならないようにする（嘘をつかせなくする効果をもつ）仕掛け（申し出のルールなど）を誘因両立機構（インセンティブ・コンパチブル・メカニズム）と呼んでいます。

　先の堤防建設を例にすれば、ある種のルールの下で住民の堤防建設に対する思いを金額で申告させれば、人々（住民）は嘘をつかないようになるはずだという一つの例が、すでにゲーム理論の研究者によって示されています。

　そのルールとは、（１）誰でもいいが、ある一人の住民について、その人以外の費用負担申告額合計が工事費を下回るとき、その人の負担申告で工事ができるようになるなら、その住民の費用負担は、不足額だけでよいことにする。これは、工事が行われる場合、負担金は、その人が負担しても良いと思っている額に等しいかそれより少ない額になることを意味します。また、（２）誰でもいいが、ある一人の住民の申告が、工事の中止・実施の決定に影響しない、すなわち、その住民以外の住民の費用負担申告額合計で工事ができる、あるいはその住民を含む全住民の費用負担申告額合計でも工事費が不足して工事ができないような場合には、その住民の負担金はゼロにする。と言ったものです。

　数学モデルでの解の証明では解りにくいかも知れないので、具体的に考えてみましょう。いま、ある一人の住民の本心が、自らの便益から見て費用負担を申し出て良いと思う額が30万円だとします。その人が予想する堤防工事費の不足額（工事費から自分以外の人の費用負担申告額合計を引いた額に相当します）が20万円だとすれば、その人は自分の本心である30万円より少ない20万円以上の額を申告して工事を行わせるのが得です。しかし、予想される不足工事費が40万円であるなら、40万円以下の申告をして工事を中止させる方が得になります（40万円以上を申告すれば工事はできますが、それには自分の便益以上の負担をせねばなりません）。

　しかし、このような個人の勝手な予想は裏切られるのが常です。工事費から自分以外の費用負担申告額合計を差し引いて算出される不足額の本当の値は25万円かもしれません。もしそうなら、先の不足は20万円という勝手な予想にもとづいて、たとえば21万円の申告ですませようとするこの人の行動は何をもたらすでしょうか。この人がうまくいく思う予想にもとづいて21万円の費用負担を申告すると全員の費用負担申告額合計は工事費を４万円下回ることになるので、結果、工事は中止となってしまうでしょう。自分勝手に、これくらいの負担を申告すれば堤防が出来るはずだとみて負担金を安く上げ、その分、便益に「ただ乗り」しようとしたばかりに、堤防は出来なくなってしまうのです。この場合、本当の思いである30万円という費用負担をきちんと申告しておけば、堤防はちゃんと着工できたはずですから、後で本当の状況を知れば後悔することになります。しかし、先のルール（１）があれば、それが生きてきます。このルールでは、着工のための不足額が、その人の

「本音」で考えている便益、すなわち負担申告額30万円より少なければ、実際の負担はその不足額25万円だけでよいのです。それゆえ、このルールの下では勝手な予想で申し出をせずに、最初から自分の本音を申し出ることが最も有利になります。

しかし、不足額の本当の値は40万円のかも知れません。もし、そうなら工事を行わせるには、自分の便益以上の負担を申告しないといけません。それでは算盤に合わないので工事を中止させる方が得になります。しかしこの場合にも、ルール（2）があるので、自分の本音である30万円を申し出ておけば、それだけで工事費は不足して工事が行われないことになり、自己負担金はゼロになります。

こうして先に示した2つのルールのもとでは、どのようになっても悔いをもたらさないためには、常に自分の本当の気持ちである負担額30万円を申告することだということになります。ここでのルールはこのようなことが任意の個人について成立するものですから、このルールのもとでは、全ての人が嘘をつかないことが最も望ましい選択になります。人々がこのような行動をとるとき、ゲーム理論の世界ではそうした行動戦略を「支配的戦略」と呼んでいます。たしかに、この結果は、机上の論理としては正しいでしょう。しかしこれを現実に適用するとなると、どうでしょうか。

都留重人氏は、近著（『市場には心がない』岩波書店、2006年、p. 3）において、「市場には心はない。しかし、しばしば邪心がある」という意味のことを述べていますが、邪心的な個人の私的利益の追求行動をコントロールして堤防や交通の安全を手に入れようとするとき、瑞賢の知恵は、現代的視点から見れば、余分に積み込んで余った米を売って儲けても良いという特権を船乗りに与えることに対する異論が出るかもしれないとしても、そこには空論に終わらせない実行可能性への配慮がみられ、この知恵には、実に見事なものがあると思われます。

8）この遭難の碑の話は、宮村忠氏（「第六回 瑞賢からジョン万次郎・大黒屋光太夫へ」土木史研究委員会・河村瑞賢小委員会編『没後300年河村瑞賢―国を拓いたその足跡』土木学会、p.121）の記述を参考にさせていただきました。

9）新井白石は瑞賢の息子の学友であり、瑞賢は、白石に娘との結婚を願ったとも言われるくらいですから、瑞賢と親交があったと思われます。また、定かではありませんが、経済的な援助をしていたのではないかともいわれています。その白石は、後年『奥羽海運記』、『畿内治河記』という二つの書物を表し、瑞賢の仕事を賞賛評価しています。これらの書物も、後における瑞賢の仕事に対する人々の評価に大きく影響したとは思いますが、それは後年の評価に結びつくものであろうと思われます。当時はむしろ、この仕事が人々の暮らしに与えたメリットについて、それが人口に膾炙されたのであろうと思われます。

10）瑞賢の淀川治水事業において評価が分かれ、瑞賢自身も苦心し悩んだ問題は、大和川の扱いであったと思います。結局、瑞賢は大和川を改修することによって対応すべしとして付け替えには反対しますが、瑞賢の死から20年後、住民の誓願によって大和川は付け替えられることになります。この点、古田良一氏（『前掲書』p. 56）のように「瑞賢ほどの達識者が、どうして大和川の川筋を付け替えるのに反対

したのか、不思議に思われるが、千慮の一失と見るべきかも知れぬ」といった意見が数多く見られます。

　しかしながら瑞賢は、幕府の財政事情からくる「コスト面の制約」のもと、物流を支える水運への弊害や、附け変えに伴う堺港の機能低下（河口に砂が流れ出て堺を支えている港の機能を低下させる可能性）といった大和川の附け替えがもたらすであろう「国全体としての水運物流機能低下というマイナス効果」を配慮した結果であるという見方もできます。この点では、やはり出典が明らかでないし、私同様の推測にすぎないのかも知れませんが、大西吉郎氏（『前掲書』p.333）も類似のことを記しています。実際、「瑞賢が反対していた大和川附け替え工事が実施されると、大和川によって運ばれた流砂によって堺の港がつぶれた」という話しがあります（宮村忠「第二回大阪オリンピックをめざす瑞賢山〜畿内治水とは〜」土木史研究委員会・河村瑞賢小委員会編『没後300年河村瑞賢―国を拓いたその足跡』土木学会、p.90）。こうして堺の港が砂で埋まるという追い風も受け、瑞賢の工事によって物流の基地としての基盤整備がなされた大阪は繁栄への道を猛烈に加速化させながら進むことになります。つまり大和川の附け替えは、当時の「巨大商都であった堺」の没落を早めさせたといえなくないのです。瑞賢の大和川附け替え反対は、そうした物流機能面のベネフィットの動きを考慮したものだと考えると、全体としてみれば、多くの識者の見解とは異なり「千慮の一失と見るべきものではない」のかも知れません。

11) そもそも、行政事業におけるコスト・ベネフィット分析は新厚生経済学における補償原理にその理論的基礎をおくものです。しかし、経済理論的にもベネフィットを計量的にきちんと測定把握することには無理があり、仮に測定したとしても、定量的に確定したお金の支出で測られるコストとの対比には無理があるのは当然です。もちろんコストの方も、公害や環境問題における社会的費用問題でも明らかなように、きちんと計量的に把握測定するのは難しいのです。ですから、きちんと考えようとすれば両方とも曖昧になり、コスト・ベネフィットの比較に困りそうです。とはいえ意志決定の場面では、将来のことにリスクがともなうのが当然ですから、両方ともが曖昧であっても、意志決定に、コスト・ベネフィットの考え方を利用するのは間違いではありません。（ただし、意志決定を行うのは政治―議会―であり、行政や経済学者の役割は、「誠実」な測定とその実行にともなうチャンスロス資料の作成です）。しかし、いくら正確性が担保されなくても、意志決定し、実施が決定された事業について考えると、財政ないし財務の収支をともなう実際面では、お金が入ってこないベネフィットについては変化の方向という定性面に配慮するにとどめ、曖昧でも存在するはずの所与ベネフィットに対して、事業の見直しを含めて厳しいコストの削減ないし支出削減を行うことだけが確実な純ベネフィット増大をもたらすはずで、ここに注意と関心が向けられるべきなのは当然のことです。瑞賢の知恵の使い方は、このことをちゃんとつかんでいるのではないでしょうか。

【主要参考文献】
今泉定介(1905)『新井白石全集』国書刊行会。
大西吉郎(2006)『瑞賢の熱い眼差し』中日新聞出版開発局。
河邨瑞賢墳墓保存会編(1934)『河邨瑞賢伝』河邨瑞賢墳墓保存会。
神谷満雄(2001)『現代に生きる勤勉の精神』PHP研究所。
春秋居士(臼井喜代松)(1912)『評伝 河村瑞賢』博文館。
太華山人(高橋一郎)(1892)『河村瑞賢』博文館出版。
都留重人(2006)『市場には心がない』岩波書店。
土木史研究委員会・河村瑞賢小委員会編(2001)『没後300年 河村瑞賢―国を拓いたその足跡』土木学会。
日本随筆大成編集部編(1996)『日本随筆大成第3期19 翁草』吉川弘文館。
古田良一(1964)『河村瑞賢』吉川弘文館。

第4章　地域ブランドと地域活性化
─概念と事例から考える─

伊　藤　力　行
大　西　正　基
木　平　幸　秀

1　はじめに

　地域の生き残り策、あるいは地域活性化の手段として、地域ブランドへの取り組みが各地で活発化している。このような地域の熱心な取り組みの背景には、近年、地域はその産業構造や輸出競争力の差異によって深刻な地域格差を生じている状況がある。そのような状況への地域活性化と自立のための対応策が、地域性に根ざした独自資源や知恵を源泉として、地域の特徴的な商品やサービスに付加価値をつけて他の地域のそれらと差別化する地域ブランドの構築である。地方自治体や商工会議所、商工会などが地場特産品や観光地を売り込むために、農林水産物のブランド化や観光キャンペーンなどを積極的に展開している。特に、平成18年4月の改正商標法により、一定の要件を満たす団体について、「地域団体商標」の登録出願が可能になり、地域ブランドへの取り組みに拍車をかけている[1]。また、現在、JAPANブランド育成支援事業、小規模事業者新事業全国展開支援事業、地域資源活用販路開拓等支援事業などの政府スキームを利用した地域経済の活性化への取り組みが活発に展開されている。

　しかし、一方で、地域ブランドの概念、考え方、定義が地域、あるいはその担当者によって必ずしも一致していないばかりか、抽象的であるため、事業関係者においても、共通理解が得られていないことがしばしばある。例えば、展

開されている地域ブランド事業は地域振興を目標に、売り手としての生産者の発想で展開されているが、顧客視点が充分に議論されないままに展開されている傾向がある。

　また、地域団体商標の分野別出願状況を見ると、農水産一次産品が47.0%と、半分近くを占め、加工食品、菓子、麺類、酒類を含めると、食品分野が7割を占めている[2]。工業製品には、タオル、シューズ、鞄等のほか、織物、焼物、人形等の伝統工芸品も含まれている。これらの業種の地域における産出高、雇用などの占める比率は高くない地位にあり、地域ブランドとして確立したときの、地域への波及効果を上げるための戦略を論議する必要がある。

　さらに、70年代末、大分県に端を発し、全国的に展開された一村一品運動とどう違うのであろうか。政府はその違いを「一村一品運動は、名前のとおり町や村といった一行政単位で行っているものであったが、地域ブランドは都道府県・市町村など様々な行政単位で行われている」と説明しているが[3]、果たして、それだけか。それだけであるとすると、近年、政府経済省庁によって展開されているさまざまな地域ブランドに関わるスキームと予算を説明するに不十分であるし、上記の問題の論議不足は地域ブランドの振興を公共政策として展開することの必然性を説明し得ない。

　本稿では、地域ブランドの概念を整理し、ブランド・エクイティ理論と地域ブランドのマネジメント、三重県におけるブランド・マネジメント、そして、自治体と商工会の事例を概観し、今後の地域ブランド展開の資と考察したい。

2　地域ブランドの概念

2.1　コトラーの地域のマーケティング論にみる地域ブランドの理解

　マーケティング研究の系譜のなかで、地域ブランドの概念（地域のブランド：地域版コーポレートブランド、地場産品のブランド：地域版プロダクトブランド）が誕生したのは比較的新しく、フィリップ・コトラーが地域を製品と

して、マーケティングの視点から汎用的・包括的に論及した"Marketing Places"（1993）[4]に遡る。一方、企業のマーケティング原理を国家の市場コンテクストに応用し、国家の国際経済競争力の分析に展開したのはマイケル・ポーターでコトラーの同書に先立って、"Competitive Advantage of Nations"（1990）のなかで著している。

コトラーは私企業の経営戦略としてのマーケティングを公共的・非営利的組織機関へ応用する著書をいくつか著していたが、同書でも、その考え方は一貫している。

ポーターの研究とコトラーの研究との相違は、ポーターの同書における分析が国家の競争優位性に限定して展開されているのに対して、コトラーの対象とするPlacesとは国、州、地方、地区、市町村としつつも、その主たる対象は国家以下のレベルの地域が具備すべき競争対応要素と戦略について論及していることである。

コトラーが同書で提唱した「地域のマーケティング」とは、徹底的な市場分析によって地域という商品を開発し、顧客をめぐっての競争に勝つことにほかならないとしており、ここで語られる顧客とは、誘致対象企業や観光客はもとより、さらに地域住民さえも顧客とした概念となっている。すなわち、地域が勝ち残っていくには①ビジター（大きく分けてビジネス客と観光客、旅行者）、②住民と勤労者、③ビジネスと産業（企業誘致など）、④移出市場（地元産の製品やサービスの創出）の4つのターゲットを地域に吸引しなければならないと説いている。ビジターや企業、投資、就業チャンスの増加や、地域産品の販売による利益は、地域経済を活性化させる。地域が活性化されることで住民の生活の質は向上し、新住民を呼び寄せることにもつながるからである。コトラーは、これらのターゲットを満足させるために、地域のインフラの整備、地域の魅力づくり、地域の魅力や生活の質を宣伝するための積極的なイメージ形成、地域の人々の協力が必要だとも述べている。

コトラーは「地域ブランド」という言葉を使ってはいないものの、これら問

題解決のためのブランド名、地域イメージの構築方法、そしてイメージを普及させる概念と手法の理論的フレームを地域改善戦略、地域イメージのデザイン、地域イメージとメッセージの伝達と理解獲得など3章にわたり説いている[5]。コトラーは、地域のイメージは住民や企業の地域に対する反応を決める重要な要因になるので、地域はそのイメージを管理しなければならないと後にケーラーやアーカーなどが説いたブランド・エクイティ論を示唆している。

コトラーはさらに "Marketing Places" の地域版として発展著しいアジアの地域と都市への投資、企業、観光客の誘致戦略をテーマとする "Marketing Asian Places"（2001）[6] を著した。同書の分析展開は前書とほぼ同じで、アジアの盟主の一国として躍り出た中国の北京オリンピック誘致戦略の失敗（2000年）と成功（2008年）、返還後の香港のブランド構築戦略を日本以上の分量で紹介しているが、この中でもブランド名とブランド・ポジショニングの重要性を説いている。

先のコトラーの概念から発展して、伊藤（1999）は「製品としての『地域』の戦略的マーケティング」[7] のなかで、地域に高い製品価値を与える要素として、米国の州や都市の企業誘致戦略の具体例を例示して、従来の4Pに加えて、人間・生活様式、自然・風土・位置・イメージ、インフラ・施設などの地域の独自資源（地域の魅力）をブランド化して訴求することが重要であるとし、そのプロモーション戦略として地域の人間性豊かなクオリティ・オブ・ライフを織り込んだメッセージを市場に伝えるライフ・スタイル・マーケティングへの深化を説いている。

図1　地域ブランドの特徴

目的	地域住民の幸せと地域の活性化（経済活性化とクオリティ・オブ・ライフ）			
市場対象	産品	観光客	住民	投資
	消費者	旅行者	住民・潜在住民	企業・投資家
実施主体	地方自治体・住民・農業など生産者・企業・NPO・教育機関・財団など			

すなわち、一般的な商品に比べての地域の特徴は、ブランド化の最終目的、

コミュニケーション対象、実施主体の違いである。最終目的は、商品ブランドが自社商品（サービス）の販売量の増加等による企業利益の増大であるのに対し、地域ブランドは多様な要因を通しての地域の経済活性化や、住民の生活文化に対する満足度向上などの精神的活性化を含めたクオリティ・オブ・ライフ（QOL）の向上を目的としている。

2.2 アーカーのブランド・エクイティ概念の地域ブランド戦略への展開

近年、企業の持つ資産が貸借対照表に計上される有形資産に加えて、ブランド・商標・暖簾・技術・ノウハウ・営業力など無形資産の価値が高く評価されるようになってきている。

ブランド価値（ブランド・エクイティ）をデビッド・アーカーは著書、"Managing Brand Equity"（1991）[8]のなかで最初に説いた。

アーカーはブランド・エクイティを「ブランドの名前やシンボルと結びついたブランドの資産と負債の集合」と定義し、ブランド・エクイティの構成要素として①知覚品質、②ブランド認知、③ブランド連想、④ブランド・ロイヤルティ、⑤その他の資産を上げた。そして、ブランドがブランドとして市場に定着していくプロセス【知覚品質】→【ブランド認知】→【ブランド連想】→【ブランド・ロイヤルティ】と進み、ブランド価値（＝ブランドエクイティー）が形成されると説いた。顧客はその会社の商品やサービスに対し愛顧や信頼を覚え、あるいは付加的な価値を認めると、商品の品質や機能面よりも「ブランド」を拠りどころにして商品やサービスを購入するという意思決定を行うようになる。「ブランド・ロイヤルティ」まで進めば、顧客のリピートが増え、さらにそれが顧客を呼び、少ないコストで、長期的なマーケットシェアを確保し、利益を生み出す循環が構築されるという概念である。

いま、地域ブランドを展開する主体者が目指す「常態」は高く安定した「ブランド・エクイティ」である。

地域ブランドを目指す製品の多くは、冒頭の地域団体商標の分野別出願状況

で示したように農水産一次産品が半分近く、加工食品、菓子、麺類、酒類を含めると、食品分野が7割を占めている。

これらの製品がブランド・エクイティ構築への最初のマイル・ストーンである【知覚品質】や【ブランド認知】を市場で達成するには、支援マーケティング戦略である製品戦略・価格戦略・プロモーション戦略・チャンネル戦略が統合されたマーケティング・ミックスの積極的な展開が必要不可欠である。

現在展開されている地域ブランドの活動をみてみると、多くの場合、地域の生産者が小規模であるため、主体的な活動が自治体、商工会議所、商工会などの地域経済機関に委ねられ、生産者は「参加」している意識レベルに止まっている。また、展開されているマーケティング・ミックスも多くは良くてもプロモーションのターゲット市場への適合化であり、統合マーケティング・ミックスが展開されていないため、ブランド・エクイティ構築へ繋がっていない事例が多い。

2.3 わが国における研究原点

わが国で初めて地域ブランドなる語が登場したのは前述のコトラーより早く1990年農林省によってまとめられた「農産品の地域ブランド化戦略」であった。この調査研究は複数の研究者によるものであり、そこでは地域ブランドの語は「農業者は農協、中小企業など地場産業が地域資源と地域的組織力を利活用し、地域のアイデンティティを明確にしながら、地域内や特定市場内で大きなシェアを実現している商品」、「特定の地域で生産される農産物または農産加工品の名称、記号、デザイン、あるいはそれらの組み合わせであった、しかも当該農産品などを他地域の農産品などと区別し、かつ当該農産に対する好イメージを抱くような心理的働きを多数の人々に起こさせる機能を有する名称」[9] と説明するに止まっている。これは、その対象が農産物であったこと、そして農産物の物流システムがまだ全国的でなかったことなどの理由により、それら農産物の市場の地域的拡大による地域活性化効用を期待する戦略にまで

深化されていない点は、米国のいわゆるローカル・ブランドの概念と通じるところがある。

3　地域ブランドの定義

図2は経済産業省による地域ブランドの概念図である。これによれば、「地域ブランド化とは、（Ⅰ）地域発の商品・サービスのブランド化と、（Ⅱ）地域イメージのブランド化を結び付け、好循環を生み出し、地域外の資金・人材を呼び込むという持続的な地域経済の活性化を図ること」とある。

したがって、単に地域名を冠した商品だけが売れていてもダメであるし、その地域のイメージがよいだけでもいけない。この両方がうまく影響し合い、商品と地域の両方の評価が高くなっていく必要がある。地域ブランドが高まれば、その地域名を付けた商品の売れ行きに結び付く。そしてその地域の雇用を促進し、地域イメージがよくなり、観光などへの相乗効果が生まれ、地域を豊かにする。こうした好循環を生み出すことになる。

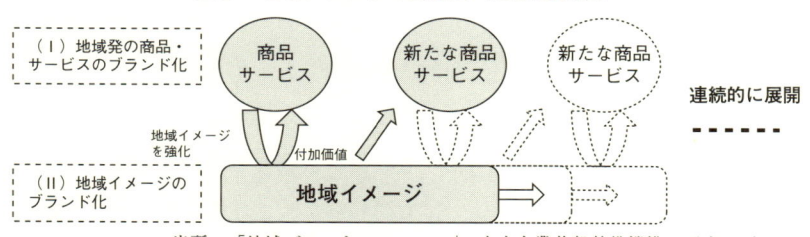

図2　地域ブランドの概念図（経済産業省）

出所：「地域ブランドマニュアル」、中小企業基盤整備機構、平成17年6月

・地域ブランドとは、「地域に対する消費者からの評価」であり、地域が有する無形資産のひとつである。
・地域ブランドには、地域そのもののブランド（RB）と、地域の特徴を生かした商品のブランド（PB）とから構成される。
・地域ブランド戦略とは、これら2つのブランドを同時に高めることにより、

地域活性化を実現する活動のことである。

つまり、地域ブランドとは、地域の特長を生かした"商品ブランド"（PB＝Products Brand）と、その地域イメージを構成する地域そのもののブランド（RB＝Regional Brand）とがある。これらのどちらか一方でも地域ブランドとはならないし、両方が存在してもそれぞれがバラバラであったのでは「地域ブランド」とは呼べない。地域の魅力と、地域の商品とが互いに好影響をもたらしながら、よいイメージ、評判を形成している場合を「地域ブランド」と呼ぶことができる[10]。

因みに、アメリカにおいては、アメリカン・マーケティング・アソシエーションの定義によれば、製品開発とグローバルマーケティングの二つの視点で定義している。前者では、ブランドをナショナルブランドと対照して、地域ブランドをローカルブランドとリージョナルブランドの二つに分けている。そしてローカルブランドが比較的小さな限定された地域でマーケティングされる製品に対し、リージョナルブランドは一つ以上の大都市を跨いだ広い地域でマーケティングされる製品と定義している。また、グローバルマーケティングの視点では、特定の国の市場に向けて開発されたブランドと定義している。前者におけるローカルブランドとリージョナルブランドのカバーする地域的範囲の違いが必ずしも明確でない。この概念的に不明確である主な理由は、アメリカはマーケティング発祥の地であるが、歴史が浅いため地域がマーケティングのセグメンテーションに与える影響力よりも人種や宗教の方が大きいことによるものであり、一方、日本は国土が狭いにも関わらず、地域の歴史・文化・風土が地域によって相当異なり、そのことが地域ブランドの必然性と期待性に繋がっているといえる。

4　地域ブランドの地域経済活性化への効果

地域ブランド化に成功したということは、市場がその製品を他地域産と区別

して高い価値を持つものと認知することにより、価値に応じた価格設定が可能となり厳しい価格競争から距離をおけることを意味する。すなわち、品質の高さを保証し続けることは、長期的にロイヤルティの高い顧客を確保し、生産者の経営に寄与する。

しかしながら、そのことによって地域に直接目に見えたかたちで経済活性化が大きいことを必ずしも意味しないのが、地域ブランドの多くを占める農水産品地域ブランドの特徴といえる。

例えば、地域ブランドとして、長年、揺るぎないトップの地位にある夕張メロンの年間生産額は30億円に満たない。従事する生産者も約150人で、年々減少している。

高齢過疎化時代にあって、地域ブランドとして優等生といえる徳島県上勝町の「つまもの」事業は市場規模3億6千万円の70％を占めているが、生産者は高齢者であり、しかもその大半は女性である[11]。

「村をまるごと売る」戦略で有名になった高知県馬路村の柚子加工品の年間売り上げは30億円である[12]。

ここで上げた事例は特別なものではない。全国の多くの農水産地域ブランドの事業規模は、この程度のものであり、工業品地域ブランドに比較すると規模そのものが一桁以上異なるのである。勿論、これらの事業に従事している人たちや地域にはある程度の経済効果をもたらしているが、これらの事業からみられる地域への効果は地域の知名度があがることと、そのような知名度のあがった地域に居住することに対する住民の地域に寄せる愛着と誇りであろう。

一方、地域ブランドの成功が地域経済の活性化をもたらす事例も数多くある。地域の中小零細事業者を金融面からバックアップする地方信用金庫のシンクタンクである信金中央研究所が農水産品を事例に次のように説明している。

農水産品は「全国どこでも見られる産品であり対象産品にできる地域が多い」「生食以外に加工品としても利用しやすく製造業など他業種への波及効果が期待できる」「食料品は身近な存在であり需要者が行動を起こしやすい」の

で、農水産品が地域ブランドとして成功すると、既存の農水産業者の規模拡大や周辺からの新規参入で農水産業が活性化してくる。さらに、対象農水産品を使った加工品の製造・販売など食品加工業の製造業者も活性化する可能性がある。また、地域ブランド化により地域そのものの知名度も高くなり、加工品も含めた対象農水産品を購入するために、地域にある小売店・飲食店、直売所、直営レストランなどの販売拠点への来店客が増加する。その際、販売等の拠点とその他の観光資源（温泉、名所旧跡、博物館、美術館等）を連携させることで、個店への来店客を観光客として地域内で回遊させることもできるであろう。観光客が増加すれば、タクシー、バス、ホテルなど宿泊施設といった観光関連業者にも経済効果が波及していく。このような地域経済の活性化により、後継者確保や雇用創出も可能となり、地域の人口減少の抑制・増加も期待できよう[13]（図3）。

このケースの典型として、栗の和菓子がまちづくりと連携し成功している長野県小布施町や関さば・関あじのブランド化が成功し、町に多くの観光収入をもたらしている大分県佐賀関町が上げられる。

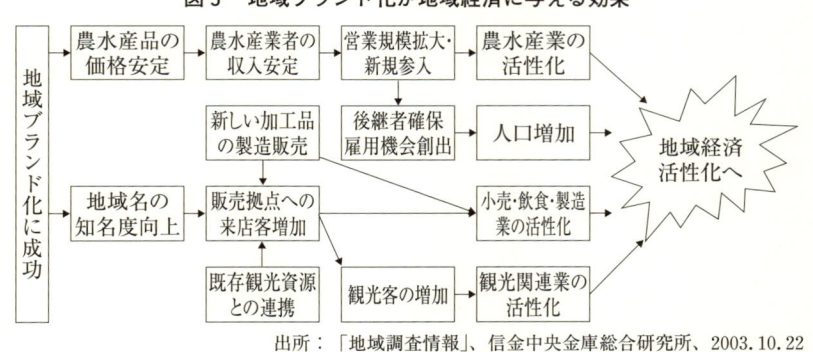

図3 地域ブランド化が地域経済に与える効果

出所：「地域調査情報」、信金中央金庫総合研究所、2003.10.22

5　三重県の地域ブランドとその現況

　三重県は、松阪牛、伊勢えび、伊勢茶など既に全国的に有名な地域ブランドを有しており、多様な農林水産物の生産を誇る特徴のある生産県である。一方、三重県では平成13年度より「三重ブランド認定制度」を実施するなど地域ブランドの強化に取り組んでいる。三重県のブランド推進事業は、全国に通じる高い商品力があり、三重県に対するイメージの向上につながる県産品及びその事業者を「三重ブランド」として認定・情報発信することにより、三重県の知名度向上を図り、三重県産品全体の評価の向上、観光誘客の促進による外部経済効果の拡大により地域活性化につなげるというものである。

　認定の対象は、県産品とその生産または製造を行う事業者である。この場合の県産品とは、原則として三重県内で生産または製造を行ったもので、最終消費者が使用する消費財としている。

　また、認定を申請する資格は県産品の生産または製造を行う事業者等で、原則として県内に主たる事業所を有している必要がある。なお、事業者等とは、農業、林業、漁業若しくは製造業を営む個人、法人又はこれらを営む方々で組織される法人、団体としている。さらに、新たな県ブランド産品の創出に向けて、その候補となりうる産品の事業化、商品化、マーケティングに関する支援や情報提供を行っている。

図4　三重ブランド認定品ポスター

5.1　コンセプト

　「自然を生かす技術（人と自然の力）」（自然や伝統を守り育む意志や自然との共生、共存を図りながら自然の力を引き出す知恵が脈づいている）をコア・コンセプトに 1．コンセプト、2．独自性・主体性、3．信頼性、4．市場

性、5．将来性の5つの観点から「三重ブランド認定基準」を定めている。

図5　認定基準

項目	認定基準
1．コンセプト	(1) 生産、製造等に関する事業者等の思い、着想、観点、システム等に、自然や伝統を守り育む意志や自然との共生、共存を図りながら自然の力を引き出す知恵、すなわち「自然を生かす技術」が脈づいている。 (2) 三重県が連想される取り組みやエピソードがあり、全国の人々の三重県に対するイメージの向上につながる物語性がある。 (3) 「本物づくり」の取り組みに何らかの技術革新や挑戦があり、実用化に到る実行力がある。
2．独自性・主体性	(1) 他の都道府県で生産、製造される、又は他の事業者等が生産、製造する類似の商品との機能や特長（価値）等の面での差異性がある。 (2) 特許、実用新案、意匠登録、商標登録等の知的財産権の取得（出願）や、ユニークな取り組み、高級品・貴重品等としてのポジショニングなど、独自性・主体性が高い。
3．信頼性	(1) 品質の高さを維持・向上するための卓越した生産、製造等プロセスや技術的裏付けがある。 (2) 流通システムが明確で信頼性があり、取引実績などに品質の高さを保証する客観的な事実がある。
4．市場性	(1) 市場シェア、到達市場範囲等から市場性（消費者の認知度、支持率）が高いといえる、又は機能や特長（価値）等から高くなると予想される。
5．将来性	(1) 認定の対象となる県産品に関する事業展開の中長期的なビジョンが明確で、かつ実現性が高く、「自然を生かす技術」を念頭においた取り組みが計画されている。 (2) 事業者等の経験や実績、事業システム全体から判断して、将来全国の人々の三重県に対するイメージの向上への貢献が期待できる。

現在まで真珠は9真珠養殖協同組合と2事業者（ミキモト、御木本真珠島）、松阪肉では1協議会と1事業者（和田金）、伊勢えびでは11漁業協同組合、的矢かきは1事業者（佐藤養殖場）、あわびは8漁業共同組合、伊勢茶は2事業者（川原製茶、中島製茶）、ひじきは2事業者（北村物産、ヤマナカフーズ）、ひのきが1事業者（速水林業）、南紀みかんは1農業協同組合の8事業分野、39事業団体、事業者が認定されている。

図6　認定事業者

	事業者	所在地		事業者	所在地
真珠	神明真珠養殖漁業協同組合	志摩市	的矢かき	有限会社佐藤養殖場	志摩市
	立神真珠養殖漁業協同組合	志摩市	あわび	鳥羽磯部漁業協同組合	鳥羽市
	船越真珠養殖漁業協同組合	志摩市		志摩の国漁業協同組合	志摩市
	片田真珠養殖漁業協同組合	志摩市		布施田漁業協同組合	志摩市
	三重県真珠養殖漁業協同組合	志摩市		越賀漁業協同組合	志摩市
	間崎真珠養殖漁業協同組合	志摩市		くまの灘漁業協同組合	南伊勢町
	越賀真珠漁業協同組合	志摩市		古和浦漁業協同組合	南伊勢町
	株式会社ミキモト	東京都		錦漁業協同組合	大紀町
	株式会社御木本真珠島	鳥羽市		尾鷲漁業協同組合	尾鷲市
	志摩の国漁業協同組合	志摩市	伊勢茶	株式会社川原製茶	多気町
	くまの灘漁業協同組合	南伊勢町		中島製茶株式会社	四日市市
松阪牛	松阪牛協議会	松阪市	ひじき	北村物産株式会社	伊勢市
	有限会社和田金	松阪市		ヤマナカフーズ株式会社	伊勢市
伊勢えび	鳥羽磯部漁業協同組合	鳥羽市	ひのき	速水林業	紀北町
	志摩の国漁業協同組合	志摩市	南紀みかん	三重南紀農業協同組合	御浜町
	布施田漁業協同組合	志摩市			
	越賀漁業協同組合	志摩市			
	くまの灘漁業協同組合	南伊勢市			
	古和浦漁業協同組合	南伊勢市			
	錦漁業協同組合	大紀町			
	海山漁業協同組合	紀北町			
	尾鷲漁業協同組合	尾鷲市			
	三木浦漁業協同組合	尾鷲市			
	紀南漁業協同組合	紀宝町			

5.2　三重県のブランド力

　日経リサーチが地域のブランド力を測るために、①ブランドの影響力の大きさと②どの程度外部資源を獲得できるかの二つの側面から、地域の持つ資源の独自性、地域への愛着、地域商品の購入意向、地域への訪問意向、地域での居住意向など5つを変数として地域ブランド力を測定し、地域ブランド知覚指数（PQ）として公開している。

　三重県は2004年の調査では47都道府県中、42位の123ポイント（平均185ポイント）と最下位のグループに位置している（図7）[14]。

図7　都道府県のブランド力

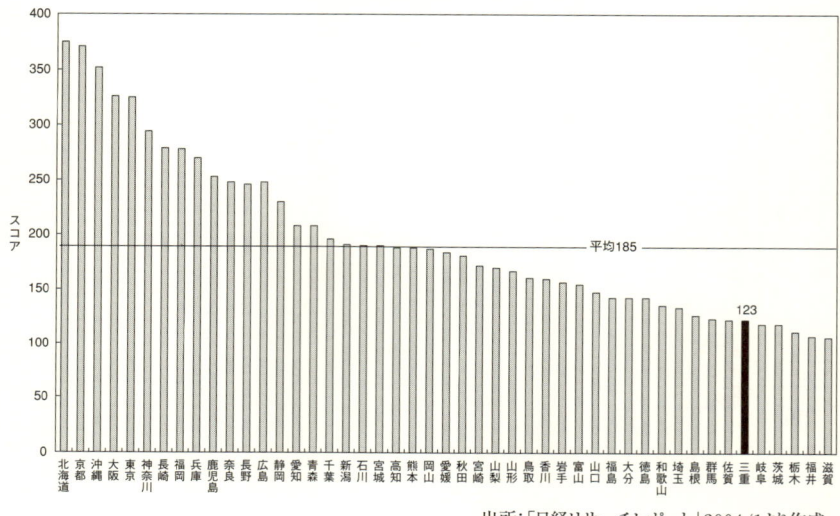

（グラフ：横軸に都道府県、縦軸にスコア。平均185。三重は123で黒く強調されている。都道府県の順：北海道、京都、沖縄、大阪、東京、神奈川、長崎、福岡、兵庫、鹿児島、奈良、長野、広島、愛知、青森、千葉、新潟、石川、宮城、熊本、高知、岡山、愛媛、秋田、宮崎、山梨、山形、鳥取、香川、岩手、富山、山口、福島、徳島、大分、和歌山、埼玉、島根、群馬、佐賀、三重、岐阜、栃木、茨城、福井、滋賀）

出所:「日経リサーチレポート」2004/1より作成。

さらに、同社は地域団体商標の出願が行われた2005年に地域の名産品から知名度の高いものや出願されたものを300ブランド選定し、それらのブランド力を独自性（ほかとは違う「独自性」を感じるか）、愛着度（どの程度「愛着」を感じるか）、プレミアム（値段が高くても、購入・利用したいと思うか）、推奨意向（どの程度「人に薦めたい」と思うか）の4つの変数で測定・評価している。

松阪牛は全体で5位、畜産部門では1位、伊勢えびは全体で10位、水産部門では2位と最高位にランクされている[15]。

図8　名産品ブランド総合ランキング

順位	名産品名	名産品PQ	ジャンル	都道府県
1	夕張メロン	796	農産	北海道
2	山形さくらんぼ	777	農産	山形県
3	博多辛子明太子	774	水産	福岡県
4	讃岐うどん	759	郷土料理	香川県
5	松阪牛	728	畜産	三重県
6	愛媛みかん	724	農産	愛媛県
7	紀州南高梅	720	農産	和歌山県
8	鳥取二十世紀梨	709	農産	鳥取県
9	魚沼米	703	農産	新潟県
10	伊勢えび	702	水産	三重県

旧国名と現在の都道府県名のブランド力の比較評価も行われている。

三重県は旧国名との差が最も大きい。三重県のPQは先述したように全国でも下位グループに位置しているが、伊勢のPQは都道府県のラン

図9　旧国名が都道府県よりPQが高い地域

〈都道府県〉			〈旧国名〉		スコア差
地域名	地域PQ		地域名	地域PQ	
三重県	553	<	伊勢	708	+155
		<	志摩	642	+89
島根県	491	<	出雲	646	+155
石川県	604	<	加賀	750	+146
香川県	564	<	讃岐	705	+141
岐阜県	534	<	飛騨	674	+140
和歌山県	568	<	紀州	666	+98
福井県	507	<	越前	591	+84
		<	若狭	557	+50
徳島県	518	<	阿波	601	+83
高知県	596	<	土佐	667	+71

出所：「日経リサーチレポート」2006/3。

クにあてはめるとトップ10に入る。全国的な知名度を誇る伊勢神宮や伊勢えびなどの名称の効果であると考えられる。志摩の知名度も同様に高いPQ値である。

このように旧国名との差が大きいとき、三重県のブランド化に際して、このような強い旧国名との関係を戦略的に検討する必要がある。ブランド力の高い旧国名の利活用は魅力的であるが、同時に三重県とのイメージの一貫性・統合性が必要であり、伊勢や志摩と三重県が共通に訴求できるイメージの構築が必要である。

6　経済団体の役割―商工会の事例―

6.1　経済団体としての役割

　地域ブランド育成への取り組みは行政主体で実施または生産者、加工業者が独自に実施するなど取組み方法は多種多様となっている。だだし、今後、地域資源のブランド化を図り成功させ地域の持続的発展を行うには生産者及び加工業者との距離が普段から身近な距離にある経済団体である商工会及び商工会議

所が行政と連携しながらブランド化への育成支援を実施することが必要だと思われる。

そこで本節においては、過去の成功事例を基に地域ブランド育成においての経済団体である商工会がいかにして取組んで行くかを検討して行きたい。

6.2 道の駅とみうら・枇杷倶楽部の取組み事例について

南房総市富浦町は房総半島の南西端に近い5,700人、面積25.69km^{2}の小さな過疎の町で特産は枇杷や花卉など温暖な気候を活かした農産物である。

道の駅とみうら・枇杷倶楽部設立の背景となった地域の現況では、基幹産業である観光や農業、漁業の衰退していくなかで、少子高齢化の進展による過疎化も深刻化し持続的な雇用と経済効果をもたらす活性化事業の実施が叫ばれていた。

そのようななかで、1990年、富浦町に「産業振興プロジェクトチーム」が設立され、商工会、農業団体や観光団体が協議を重ねるなか、地域の資源を活用し広域的な産業と文化、情報化の振興拠点となりうる施設整備の事業化が求められる中で、「道の駅とみうら（枇杷倶楽部）」は、1993年11月に開設された。現在は、年間集客数は62万人[16]にも及ぶほどになった。

今回、この道の駅とみうら・枇杷倶楽部（以降：枇杷倶楽部）において、富浦町の特産品であった枇杷のブランド化のみに留まらず、地域のブランド化を得るためどのように取組んできたかについて検討し、地域の経済団体として商工会が果たすべき役割を検討したい。

6.2.1 観光農業の振興

富浦町の温暖な気候に着目し、冬から早春にかけての花摘みの観光化やこれまで栽培していなかった苺栽培の導入を図り、それまで夏季中心の観光資源から、冬・春も観光資源として実現させた。

また、枇杷倶楽部と同時にオープンさせた観光花摘み園「花倶楽部」は、後

継者不足で悩む地域の耕作放棄地の有効活用と、周辺農家の農産物の直売所として大きな効果をもたらした。さらに、直売に適した品種の改良や観光農業に対応した作付け体系の試験研究も併せて実施し、成果を地域に提供するシステムも構築した。

さらに、特産品である枇杷の出荷規格外品を活用して商品開発をする加工事業にも取り組み、観光客への販売や周辺観光施設への卸販売、ネット販売などの展開を図り加工事業は枇杷の付加価値を高め、40アイテム以上の枇杷倶楽部オリジナルの枇杷関連商品を生み出した。さらには地域の卸業者の商品開発にも影響を与え、枇杷は「南房総みやげ」として定着した。

6.2.2 一括受発注システムの開発

南房総市は小規模な観光事業者が多いため、大量の観光客の受け皿が無いことが大きな課題となっていた。そこで、広域的な連携によって、点在する小規模な既存の農園や食事会場などの観光資源を束ね、一つの大きな農園、レストランに見立て、メニューや料金、サービスを規格化し、枇杷倶楽部が観光会社に対して企画営業を行い、観光会社からの集客の配分、代金の清算、クレーム処理までを一貫して行う「一括受発注システム」の開発に携わり、南房総のランド・オペレーターとしての役割を枇杷倶楽部に持たせた。このシステムの稼働によって、周辺市町村の飲食店や民宿、農園、観光事業者などが連携して強い集客力を持つこととなり、ピーク時では観光バスを年間4千台、12万人のツアー誘致に成功し、これまで閑散期といわれていた南房総の冬に観光バスツアーが定着し、著しい地域波及効果があがった。またこの業務の効率化をさらに図るため、当時の通産省の助成を受け、電算システム化も図り、そのノウハウを全国に積極的に公開した。さらに、この仕組みを応用し、JR東日本と協働して個人ツアーのパック商品の開発やレンタカーの配備、南房総マップの作成などを進め、広域的な資源の結びつきによる、個人やグループ客誘致による地域振興を推進した。

6.2.3 「南房総のポータルサイト」を目指す情報化

広域的な資源を組み合わせて集客を進めて行く中で、観光客のニーズに合わせた情報発信の必要性があり、利用者の立場に立ち、富浦町にとらわれない広域的なイベントや地域情報など鮮度の高い情報を収集して発信する「南房総いいとこどり」と名付けたポータルサイトを構築した。

6.3 地域の経済団体である商工会としての課題について

道の駅とみうら・枇杷倶楽部における成功事例より商工会、商工会会議所が唯一の地域経済団体として取組まなければならない事項について、次のとおり考えられる。

6.3.1 地域をまるごと売り込む

地域の特産品は少なからず周知性があり、他の商品より地域のイメージが高いと言える、そのイメージや評価を活用しその地域自体のイメージを高める工夫が必要と言える。言い換えれば、一つの特産品をブランド化することで相乗効果により地域自体のブランド化を高めることにつながり、地域自体のブランド化を図ることで特産品のブランド化をさらに進めることができ、地域の産業の活性化につながっていくと言える。

6.3.2 地元異業種連携による取組みの必要性

地域の特産品および地域のブランド化を図る際には、やはり現代の形にした製品及びサービス開発が必要に思われる。たとえば、三重県紀北町商工会が地元特産の魚の干物を取り扱った製品のブランド化を目的としたJAPANブランド育成支援事業については食べたい時に食べれる量のみレンジで調理すると言う現代の生活スタイルに照準を合わせた形となっているのだが、このアイディアを製品に形態化し、事業化するプロセスでは、商工会が地域の事業者を巻きこんだ、地元異業種連携が成功要因となっている。

6.3.3　他地域へ向けての情報発信の重要性

　限られた資金の中でインターネットのホームページを利用し地域の情報発信を行うことは有効かつ重要であると言え、今回の枇杷倶楽部の事例の中では、あくまで富浦町を紹介したホームページではなく、富浦町の属する地域である南房総市を観光客に対し、観光客の立場に立った作り方で紹介し、周辺地域への観光客を呼び込むことで相乗効果を狙った工夫がなされている。今後、このように周辺地域を含めた情報発信も重要と考えられる。

6.4　ブランド化への継続した取組みへの重要性

　最後に今後、商工会が地域ブランドを創出し地域振興を図っていく上で、結果が出るまで継続していくことが最重要課題だといえる。これまで幾度と地域の特産品開発に取組んで来たが、製品が出来てしまえばそれでおしまいのケースが大半となっている。それは、補助制度を利用し実施してきたことで、その制度が利用できなくなる時点で継続が困難な状況となる。今後、この点が課題だと言え、自主財源の確保も課題だと言える。

7　自治体の役割―松阪牛の事例―

7.1　松阪牛ブランドとは

　全国に229あるといわれる銘柄牛の中で[17]、松阪牛は高級和牛のひとつとして確固たる知名度を誇っている[18]。まずはその松阪牛がどのような経緯で成り立ったのか、その歴史を簡単に触れておく。

　松阪牛の素牛は兵庫県但馬産の雌牛である。古来より伊勢地方では、紀州で育てた但馬牛を農耕の使役牛として導入していた経緯があり、明治初期にそれを肉牛として売り始めたことが松阪牛の始まりである。明治初期の東京では、牛鍋ブームによる食肉需要の増加が見込まれたが、それに呼応して伊勢地方から徒歩にて東京に肉牛を送る、いわゆる「牛追い道中」が開始された。これが

きっかけとなり、伊勢地方では食肉を目的とした肥育が始められた。流通業者や料理店の努力と、生産者による肥育技術の開発により、伊勢地方の牛はその評価を飛躍的に高めていった。

1935年、東京・芝浦の東京市営家畜市場で開催された「全国肉用畜産博覧会」において、当時は「伊勢牛」と呼ばれた松阪牛が最高の「名誉賞」を獲得し、また全国各地で開かれた共進会においても上位に入賞するなど、松阪牛の品質の良さが高く評価され、その名を全国に広めることにつながった。

戦後、1949年に第1回松阪肉牛共進会が開催され、以降は毎年11月下旬に開催されている。なお、2002年には過去最高額の4,952万円という価格がつけられている。

7.2 松阪牛と自治体の関わり

7.2.1 松阪牛をめぐる背景

前述のとおり、松阪牛は食肉事業者と生産者の努力により、そのブランドを全国へと広められた。しかし、成立したブランドを保護し、イメージを損ねることなく流通させるには、徹底した管理体制の構築が必要となる。食肉業界においては、全国各地でライバルとなる銘柄牛が次々と生産され、さらには2001年のBSE問題および食肉偽装事件によって、食肉業界へ消費者の厳しい目が向けられる状況である。松阪牛の場合も、過去には松阪牛を騙った偽物が販売されたり、食肉業者の勝手な解釈によって「松阪和牛」などの紛らわしい名称を用いた牛肉が市場に出回ったりした。このような事態に、管理・流通システムの完備と、松阪牛の定義付けを改めて行う必要があった。

7.2.2 関係団体と肥育地域

松阪牛をめぐる管理団体は、2007年時点で4団体が存在する。

流通・小売店による「松阪肉牛協会」、生産者と行政による「松阪牛協議

会」、毎年11月に行う共進会を主催する「松阪肉牛共進会」の3団体が存在し、2007年の地域団体商標の認定に伴い、3団体をまとめる役割を担う「松阪牛連絡協議会」の、計4団体が活動している[19]。

それぞれの団体の主な活動目的は、松阪牛の振興や消費拡大、肥育技術の向上など、主だった目的は同様のものであるが、それぞれの団体が独自の解釈によって肥育地域を決定していたため、若干の差異がみられた。それが混乱を生じ、紛らわしい名称の牛肉が市場に出回る結果となった。そのため、後述の管理システム導入に際し、雲出川と宮川流域に当たる旧22市町村を肥育地域とし、松阪牛と認められるのは同地域内および旧松阪肉牛生産者の会会員のみに限られた[20]。

なお、4団体の事務局はすべて松阪市農林水産課に置かれている。団体の運営を自治体が担うことで、円滑な活動と、それに合わせた行政からの的確な支援体制をとることができる。

7.2.3　トレーサビリティと流通システムの導入

2001年のBSE問題および牛肉偽装事件発生により、食肉に対する安全・安心を求める声は急激に高まった。そのため、消費者に対して多くの情報を公表し、明確な流通システムを構築することで、消費者が安心して購入できる管理システムの早期導入が大きな課題となった。

2002年、国は全国すべての畜産牛に10桁の個体識別番号を付した耳標の装着を開始し、2004年には「牛の個体識別のための情報の管理及び伝達に関する特別措置法」（通称「牛肉トレーサビリティ法」）の施行により、牛の生産から加工、販売に至って、個体識別番号を用いて牛を一元管理し、その情報を消費者へ提供するトレーサビリティの構築を義務付けた。

松阪牛については、前述の肥育地域の確定とともに、国の個体識別番号を利用した、松阪牛独自の「松阪牛個体識別管理システム」を全国に先駆けて2002年に稼働させた。システムの管理・運営については、システムの公平性を保つ

ため、県や関係市町村、食肉関係団体が出資する第三者機関、株式会社三重県松阪食肉公社（以下、食肉公社）によって行われている。

システムの概要としては、肥育農家が新しい素牛を導入した際、食肉公社に届け出をし、それを受けた食肉公社は、個体識別番号や血統、飼料、生体や農家情報を調査し、鼻紋の採取とともに登記書を作成する。出荷する際も食肉公社に報告し、食肉公社は個体識別番号や生体等を確認し、出荷する。出荷先は食肉公社か、東京食肉市場のいずれかに出荷され、BSE検査と枝肉の格付けが行われ、業者へと販売される。枝肉を購入した業者は、食肉公社から松阪牛証明書と松阪牛シールを購入し、それを商品に貼付して販売する。消費者は松阪牛シールに記載された個体識別番号を食肉公社のホームページで検索することで、血統や生年月日、生体の写真等の個体情報、出荷日や農家の情報など、購入した肉についての詳しい情報が閲覧できるのである。国が定める項目は10項目であるが、松阪牛個体識別管理システムではさらに詳細に、36項目にもおよぶ情報を発信している。

このシステムが稼働する以前より、松阪牛の管理は登記書の作成とナンバリングによって管理されており、先のBSE問題発生時にはそれほど価格の下落は見られなかった。その上で、このシステムが稼働したことで松阪牛への評価が高まり、システム稼働前後には急激な価格の高騰が起こった[21]。国の基準を大幅に上回る管理体制と、確実な出荷体制の強化は、松阪牛ブランドをさらに発展させる要因ともなっている。

7.3 自治体の役割と課題

多くの地方自治体において、近年の深刻な地方格差に対する地域活性化の方策に苦慮している。その中で、特産物やまたは地域全体のブランド化は地域活性化策のひとつとして注目され、これが市場において一定の知名度を獲得することとなれば、その地域自体の全国的な知名度の向上や、それによる人口の増加、訪れる観光客による経済効果など、期待される効果は計り知れない。多く

の地方自治体において、地域ブランドを地域活性化への有効な手段として取り組んでおり、その方法や現状は様々である。

　行政という立場にある地方自治体が、地域ブランド戦略においてどのような役割を担うのか。それは、ひとえにブランド展開に伴う環境の整備と広報活動といった、主にバックアップ体制を築くことと言える。生産・流通を行う事業者への支援、地域に住む住民の意識の向上、消費者への周知など、支援や広報といった役割を担うものである。

　前述の松阪市の場合、すでに高い知名度を誇る松阪牛ブランドについて、さらにブランドイメージを高め、広く発展させていくことが行政としての目標である。その方法として、松阪牛を扱う生産者、事業者がより活発に活動できる環境の整備のため、各団体において市が事務局として参加し、円滑な活動を促している。また消費者が求める安心と安全に対して、それらを確保するシステムの開発や広報活動に重点を置き、県や団体と協力しながら深く関わっている。その結果、トレーサビリティと安定した流通体制の確立によって、松阪牛ブランドは希少性を高め、ブランドとしての価値をより一層高める結果となった。

　地域ブランド戦略は自治体にとって、地域の発展を促す重要な施策のひとつとして注目している。主として自治体が先導するのも方法であるが、実際にブランドを作り、そしてブランドを生かすのは事業者であり、地域の住民によるものである。地域で最も大きな組織である自治体が持つ、強力なネットワークを生かして、自治体はその中心的存在としてまとめ、そして事業者や住民、消費者のすべてが活発に取り組んでいけるような体制作りを行う。それが自治体に求められる役割である。

8　結　語

　近年の経済回復が地域経済には必ずしも味方せず、多くの地域は活性化への

策を見出せないままに、低温火傷的な停滞を余儀なくされている。

　こうしたなかで、地域資源としての地場産品や観光資源を活用した「地域ブランド」の発掘・育成への取り組みが政府、あるいは地方自治体財源を基礎とするスキームにより取り組まれているが、関係者の地域ブランドへの概念や定義の共通理解が不充分であるため、折角、立ち上げた取り組みが市場にブランドを確立しえないままに座礁してしまっているケースが多々あることを冒頭で述べた論点にしたがって、二つの事例から今後の課題を確認したい。

　本稿では、概念としての地域ブランドの構築への基本的な考え方をコトラーの「地域のマーケティング」により整理し、さらに地域ブランドの拡張概念として、アーカーの「ブランド・エクイティ」により説明をした。そして、それらの事例として、前者では千葉県富浦町商工会の道の駅・枇杷倶楽部の事業展開、後者では松阪市における松阪牛のトレーサビリティ・システムを概括した。

　富浦町商工会の事例は、都道府県単位よりも小さな人口わずかに5,000人余の小さな町の「生き残り策としての地域ブランド」を構築するために、関係する生産者や加工業者、そして地域住民の協働を促す結節機能としての商工会の果たす役割が欠かすことができないことを示している。

　関係者にも市場にも地域ブランドの認知がまったくない状況で、商工会の役割は「制度」を活用する地域の意欲と創意工夫を具象化し、ターゲット市場の需要開拓を可能にする品質の高い製品、情報発信システム、そして製品を顧客に届ける流通機構の構築を推進・サポートすることである。

　また、この段階では、関係する経済主体だけでなく、地域住民のブランドづくりへの参加である。とりわけ、観光資源をベースとする地域ブランドづくりでは住民が来訪者を心からもてなす風土づくりが不可欠である。その望ましいレベルは長野県小布施町にみられるが、町の中小零細事業者が、地域住民のなかで生活者としてリーダーシップをとることで具体的に現われる。そのようなプロセスで商工会に期待される役割は地域ブランドづくりの概念の具体化が地

域住民のQOL向上につながり、地域全体のレベルアップにつながることの意識の高揚運動を積極的にサポートすることである。

　松阪市の事例は、トレーサビリティと新たな流通体制への動機が当時のBSEと消費者の厳しい食への安全・安心意識への対応であるが、ブランド・マネジメントの視点からいえば、成熟した牛肉市場で、差別化戦略として全国の産地から産出されるいわゆる「銘柄牛（肉）」に対して、牛肉ブランドとして突出した地位を占める松阪牛（肉）のとレーサビリティと新たな流通体制はブランド・エクイティ戦略として捉えることができる。

　一般的に、ブランド・エクイティが効果を発揮するのは成熟期市場である。成長期は製品の差別化が性能・品質・形態など様々な機能で行うことが可能であり、後発ブランドでも革新的な新機能を開発・追加することにより市場ポジションを得ることが可能である。しかし、市場の成熟期ではすでに性能面の差別化はし尽くされているので、革新的な差別化が行われることは少ない。とりわけ、伝統的な肥育方法をベースとする牛（肉）の生産においては、革新的な開発は行われないので、ブランド・エクイティの高いブランドは消費者のマインド・シェアとブランド・ロイヤルティにおいて高いシェアを得ることが容易になる。

　ブランド・ロイヤルティは、換言すれば、「ブランドを愛し使用し続けようとする気持ち」であるが、ブランド・エクイティの中核をなすものであり、ブランド・エクイティの価値を決定する要素である。ブランド知名やブランド連想がいくら高くても、ブランド・ロイヤルティが低いと消費者は購買行動を起こさないのであるが、「松阪牛（肉）」にピットフォールがあるとすれば、高いブランド・エクイティが高いブランド・ロイヤルティになっているのかということである。

　トレーサビリティと新たな流通体制実施の相当以前より、松阪肉は「幻の肉」といわれてきた。地元でこそ、店頭には松阪肉は並んでいるが、他府県・大都市のデパートなどの店頭でも販売されなくなっている。インターネットな

どダイレクト販売が新たな流通体制であろうが、目に見える市場で目に見えない商品となってしまう恐れがある。

自治体として、トレーサビリティを確立し、ブランド・エクイティに成功したといえるが、地域ブランドとしての産出高を高めることへの課題が残っている。

地域には、それぞれに「ブランド化」することにより、地域と生産者にはより大きな経済的メリットをもたらし、結果として次への生産意欲を湧かせる産品がいくつもある。また、それらを「ブランド化」することにより、地域住民の地域への愛着とQOLを高揚させることができる。

地域ブランドを構築するときに留意すべきことは、ブランド構築に供す製品定義は地域ができるが、決定権は市場・顧客にあるということであり、それは決して1～2年の短期間で構築できるものではない。構築には目指す方向（構想）・長期計画（グランド・デザイン）・短期実行計画（アクション・プラン）が不可欠である。地域の特産品の発掘と開発はアクション・プランであり、それらの市場化はグランド・デザインにあり、この二つを効果的・継続的に具体化していくことが地域ブランド・マネジメント戦略である。

＊本研究は、本学との相互協力協定による客員研究員大西正基（松阪市役所）および木平幸秀（三重県商工会連合）と伊藤との共同研究である。

注
1）平成19年4月末現在の出願件数は合計708件に上っている。三重県からは松阪牛、松阪肉、一志米、大内山牛乳、三重豚、伊勢赤どり、伊勢茶、伊勢たくあん、伊勢ひじき、伊賀米、伊賀牛、伊賀くみひもなど14件出願されたうち、平成15年5月15日現在、松阪牛、松阪肉、大内山牛乳、伊勢茶が登録査定されている。
2）「地域団体商標の出願状況について」、特許庁2006年6月30日公表資料。
3）「地域の経済2005」、内閣府政策統括官室、第2節（2）地域ブランドの確立による地域経済の活性化。
4）Philip Kotler, Donald Haider, and Irving Rein（1993）*Marketing Places : Attracting Investment, Industry, and Tourism to Cities, States, and Nations*, Free Press（井関

俊幸監訳（1996）『地域のマーケティング』東洋経済新報社）を参照。
5）前掲書の5. Strategies for Place Improvement　6. Designing the Place's Image　7. Distributing the Place Image and Message を参照。
6）Philip Kotler, Michael Alan Hamlin, Irving Rein, and Donald H. Haider（2001）*Marketing Asian Places : Attracting Investment, Industry, and Tourism to Cities*, John Wiley & Sons Inc. を参照。
7）伊藤力行（1999）「製品としての『地域』の戦略的マーケティング」『松阪大学地域社会研究所報』第11号。
8）David A. Aaker（1991）*Managing Brand Equity*, Free Press（陶山計介・尾崎久仁雄・中田善啓・小林哲訳（1994）『ブランド・エクイティ戦略〜競争優位をつくりだす名前、シンボル、スローガン』ダイヤモンド社）を参照。
9）加藤正明（2005）「地域とモノの間におけるブランド拡張の研究―適合基盤としてのライフスタイルについて―」神戸大学大学院。
10）中小企業基盤整備機構（2005）『地域ブランドマニュアル』
11）関満博・遠山浩編（2007）『食の地域ブランド戦略』新評論を参照。
12）関満博・及川孝信編（2006）『地域ブランドと産業振興』新評論を参照。上勝町については、寺本博美編（2007）『循環型地域社会のデザインとゼロ・ウェイスト』（三重中京大学地域社会研究所叢書8）和泉書院を併せて参照。
13）『地域調査情報』信金中央金庫総合研究所、2003.10.22。
14）「日経リサーチレポート」2004/1。2006年5月の調査では、33位である。
15）「日経リサーチレポート」2006/3。
16）2006年9月時点。枇杷倶楽部視察研修用資料より。
17）2005年3月時点。財団法人日本食肉消費総合センターによる。
18）BRIブランド総合研究所による「産品ブランド調査」（2007年1月）によると、食品分野での購入意欲度で第1位。また、「認知」「こだわり」「高級感」の3部門においても第1位であった。
19）生産者による「松阪肉牛生産者の会」も存在したが、「松阪牛協議会」設立に伴い解散。
20）肥育地域から外れた一部の生産者は、それまで松阪牛として出荷していた牛が松阪牛に認可されないケースが生じた。また、肥育地域が狭く限られるため、肥育頭数に限りがある（例えば近江牛で知られる滋賀県は、県内全域が肥育地域である）。
21）2002年は出荷頭数が少なかったこともあり、平均価格が前年と比較して2倍に高騰した月もある。松阪市農林水産課資料より。

【参考文献】
松阪市農林水産課資料。
伊勢志摩編集室編（1998）『松阪牛―牛飼いの詩』伊勢志摩編集室。
岡本良博（2005）「松阪牛のブランドを守るために」『農業と経済』昭和堂　pp.74-78。
生田孝史、湯川抗、濱崎博（2006）「地域ブランド関連施策の現状と課題」『Econom-

ic Review』Vol. 10、No. 3、富士通総研（http://jp.fujitsu.com/group/fri/report/economic-review/200607/03-2.pdf）。

生田孝史（2006）「自治体合併と地域ブランド施策」『Economic Review』Vol. 10、No. 4、富士通総研（http://jp.fujitsu.com/group/fri/report/economic-review/200610/03-3.pdf）。

久保次三（2005）「新「地域団体商標」制度と地方公共団体：新制度の概要と今後の課題（最新法律改正の解説）」『鹿児島大学法学論集』Vol. 40、No. 1、pp. 1-22（http://ir.kagoshima-u.ac.jp/bitstream/10232/790/2/KJ00004372748.pdf）。

中小企業庁『中小企業白書』2007年版。

財団法人中小企業総合研究機構（2004）「中小製造業の地域ブランドに関する調査研究」。

財団法人地域活性化センター（2006）「地域ブランド・マネジメントの現状と課題」。

枇杷倶楽部視察研修用資料。

【参考ホームページ】

日経リサーチ（NIKKEI-R）地域ブランド戦略サーベイ　http://www.nikkei-r.co.jp/area-brand/

枇杷倶楽部　http://www.mboso-etoko.jp/top/biwakurabu/

BRIブランド総合研究所　http://www.tiiki.jp/

松阪牛協議会　http://www.matsusakaushi.jp/

株式会社三重県松阪食肉公社　http://www.mie-msk.co.jp/

三重県『三重ブランド』　http://www.miebrand.jp/

南房総いいとこどり　http://www.mboso-etoko.jp/

第5章　中国における環境経済政策の課題

野　上　健　治

1　はじめに

　経済発展に伴う環境悪化は避けられないのであろうか。あるいは、一般に途上国はまず、経済発展を優先し、経済力をつけたある段階から環境保護に力点をおくようになるのであろうか。
　経済発展論に「クズネッツ曲線」という経験則がある。これは、「経済発展の初期時点では、経済発展とともに所得分配の不平等度は拡大するが、所得が一定の水準になった以降は、経済発展とともに所得配分がかえって平等化する」というクズネッツの「逆U字仮説」である。
　さて、近年、環境経済学の分野で「環境クズネッツ曲線」という用語がしばしば使われる。これは、前述のクズネッツの経験則のなかの「所得の不平等度」という言葉を「環境負荷」に置き換えたものである。すなわち、経済発展と環境とは、あたかも、クズネッツの「逆U字仮説」と同様に、まず経済発展とともに少なくともある時期までは環境が悪化し、次に改善するという逆U字型の関係が見られるという。
　速水は一人当たり GNP を説明変数として一次エネルギー消費量と工業排出 CO_2 の回帰モデルを作り、この逆U字型仮説がクロスセクションで成立することを検証している（速水1995）。また、旧社会主義諸国のエネルギー消費量と工業排出 CO_2 は、同じ所得水準の他の国と比べて異常に高い傾向が見出せる

(EDMCエネルギー・経済統計要覧　2005年版)。換言すれば、旧社会主義国は資本主義国に比べてエネルギーの使用効率において低く、公害の発生において高いことがわかる。

　もしこうした逆U字型仮説が成立すると、また、もしそうした過程が普遍的なものであるとするなら、開発過程において環境改善に人一倍の努力を傾注するのは無駄なことであり、いわゆる持続可能な発展（sustainable development）も、豊かな国々の贅沢な理想であるのかも知れない。もし、環境対策に先進国と同じ費用を途上国がかけるなら、その製品コストは高くなり、国際競争力を失うのではないか、と途上国は恐れる。環境保護に先進国が熱心なのは、途上国の開発を妨げる先進国側の陰謀ではないのか。ある途上国の高官はかつてこう述べたといわれる。「これまでは先進国が汚染してきた。今度は我々が汚染する番だ」と。

　しかしながら、公害や環境汚染は、単に先進国側にとって、あるいは国際的に見て憂慮すべき問題であるばかりでなく、途上国にとっても大きな桎梏になっている。伐採しすぎた森林は生態系を変え、洪水や山津波を引き起こし、現地の農業に壊滅的打撃を与えるであろう。水質汚濁や化学物質の河川への垂れ流しは、多くの現地住民の健康を損ない、広範囲の影響をもたらすに違いない。また、地球環境問題に対しては誰がどのような責任を果たすべきか、等々、検討すべき課題は多いが、このような環境問題に関する広範な検討は別の機会に譲ることにして、ここでは、中国における経済発展及び環境問題がいかなるものか、それに対処するためにどのような方策が採られてきたのか、その理論的背景は何か、といった点について環境経済政策論の立場から、中国の現状について検討する。

2 中国における経済発展と経済政策の課題

2.1 中国経済の発展の現状

1979年から始まった改革開放政策は、やがて軌道に乗り、年率8％を超える成長を持続していることから、21世紀の前半には世界最大の貿易国およびGDP国になることが予測されるようになった。

こうした予測が当然のことのように、今日の中国は、驚異の経済成長が達成され、貿易においても日本を抜き、アメリカ、ドイツに続く大国になった。また、GDPも2004年実績で1兆7150億ドル（2000年価格、EDMC '07）となり、日本を除けば、アジア最大の経済大国になりつつある。

それでは、この四半世紀の間に、このような中国の急速な経済発展はなぜ可能になったのか、どのような経済政策が行われたのか、また国際経済とはどのようにリンクしていったのか、等々を解明することは経済学にとって大きな関心事である。とりわけ今日の中国経済の発展は、これまでの資本主義経済発展の歴史とは異なった経路を辿ってきた。ヨーロッパ、アメリカ、日本などのいわゆる資本主義先進国の経済発展は、国内市場の拡大を基礎にして外国市場を求めていった。すなわち、中国における経済発展は、工業化を基盤として行われ、その後に外国市場に進出するという形態である。先進国の工業化過程はいわばアダム・スミスの主張する「社会発展の自然的経路」を基本的に辿ったのであった。しかしながら、中国の場合は、国内市場の発展よりも外国市場あるいは外資・外国技術への依存によってもたらされた。さらに、中国の経済発展の特徴は、国内需要が急速な拡大のないまま進んだことである。国内市場において最大の需要主体である労働者の賃金は、大幅な上昇がないままであった。また、中国は地域間の経済格差が大きいだけでなく、その格差が拡大している。特に、珠江および長江流域地域とその他の地域の経済的格差は大きく国内市場も偏った発展過程を辿っている。

中国は1980年代から年平均8％以上経済成長率
GDPとGDP実質成長率

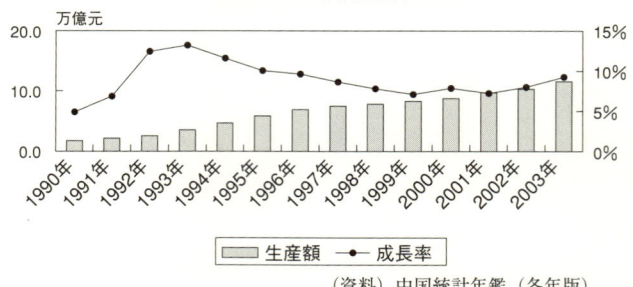

（資料）中国統計年鑑（各年版）

　ところで、中国の高度経済成長が持続した1998年から2003年にかけて、消費者物価が下落・停滞するという現象があった。先進資本主義国の経済発展の過程では、経済成長が続けば、消費者物価も上昇した。しかしながら、中国は9％前後の経済成長を持続しながら、一時的にせよ物価の下落が生じたのである。それには、次のような要因が考えられる。すなわち、

① 高度経済成長に伴う国内需要が、労賃の急速な上昇を伴わなかったこと。
② 地域間格差が拡大していること。
③ 一部の産業における生産過剰が価格低下競争をもたらしたこと。
④ 外国市場依存の工業化の進展であること。

等である。

　前にも述べたように、中国は外国からの直接投資、技術導入、さらには外国市場依存の経済発展を特徴としている。とくに中国の輸出商品は低価格によって国際競争力を強めてきた。その結果、中国からの輸入が多いアメリカ、日本などは、輸入品価格の低下により、いわゆる「デフレ」が生じる一因にもなった。また、中国は低価格商品の輸出が増大するだけでなく、大量の輸出のためには、特に資源・エネルギーや基礎素材を中心とする、大量の輸入を伴ったのである。すなわち、中国の経済成長に基づく輸入拡大によって、長期不況の日

本にとっては、中国輸出が増大し、景気後退をさらに進ませる最悪の事態を避けることが可能になったのである。

中国の持続的な高度経済成長は、中国国内の産業基盤整備のみならず、基礎資材生産、工場建設、事務用・商業ビル建設、住宅建設なども大きく寄与している。その結果、鉄鋼などの生産が飛躍的に増大し、同時に素材・原材料輸入も拡大した。中国の原材料輸入の増大は、鉄鋼、石炭、原油などの原材料の国際価格の高騰をもたらすことにもなった。いまや、中国も含めて基礎原材料の輸入確保をめぐる国際間での競争は、日増しに激化するという事態も生じている。

かくして、中国経済は、今日の国際経済の動向を左右するような規模にまで至っている。

このことは、結果として、環境負荷の側面においても、最近は「爆食」と称されるようなエネルギー・資源の大量消費によるグローバルな地球環境への影響が大きいことを示している。このような環境問題やエネルギー・資源の制約によって第2次産業依存型の高度成長が限界に近づきつつあるといっても過言ではなかろう。

次に、今日の中国の経済政策の現状と課題を総括しておこう。

2.2 中国における経済政策の課題

1950年代の旧西ドイツ、1960年代の日本、1970年代の韓国は、年率10％前後の急速な経済発展を経験し、いずれも奇跡的といわれてきた。

中国は21世紀に入ってからもこれらの諸国に匹敵する経済成長を計画している。長期的な高度経済成長を達成できれば、中国は今世紀の早い時期に世界最大の経済大国に、あるいは世界最大の貿易国になる可能性を持っている。中国は今日の経済成長が持続するとすれば、2020年には現在のGDPの4倍となり、日本を抜いて世界第2位の経済大国になる。年率8％超の成長を維持することになれば、旧西ドイツ、日本、韓国の高度経済成長率までは達しないが、

どの国も経験したことのないほどの持続的経済成長となる。こうした中国の急速な経済成長政策への転換は、1979年のいわゆる「改革開放経済体制」への移行後のことである。

改革開放政策後の中国は、貿易の拡大、外国資本導入の拡大などにより国際的経済関係を緊密化する政策を追及してきた。そして現在の貿易の拡大スピードが今後も持続するならば、中国の貿易規模は2010年頃には世界最大の貿易国になる可能性を持っている。しかしながら、この可能性は現在の経済成長が持続可能ならば、という条件付で述べているのであり、現実の中国経済の状況からは、これまでのような高度経済成長を持続させることは極めて難しいのではないか。なぜなら、その要因はいくつかあるが、ここでは以下のことを述べておく。すなわち、今後の中国の持続的な高度経済成長は、中国経済のみで達成できるのではなく、国際経済の動向との関連において可能となる。すなわち、その可能性は中国の経済発展に見合ってアメリカをはじめとする先進資本主義国及びアジア諸国の経済の成長が期待できる場合であろう。

中国は高率の経済成長を達成してきたが、その原動力の一つは外国資本・技術である。特に外資系企業は輸出の50％以上を占めるようになった。その反面、国有企業、国内企業は脆弱であり、持続的成長の障害にもなっている。また、中国の工業製品の生産は、80％以上が供給過剰の危険性がある産業部門である。

中国の経済成長は、国内での設備投資の拡大、輸出の増大、外資の導入が主な要因となっている。そのうち設備投資の拡大は、中国統計年鑑（2004年版）によれば、それぞれ2000年10.3％、2001年13％、2002年16.9％、2003年27.7％の対前年増である。設備投資の拡大は、中国政府による公共投資が大きな要因になっている。公共投資は、中国政府の建設国債の発行によって行われている。その規模は近年1,500億元であり、国家財政の赤字増大の要因でもある。国家の財政赤字は、GDPの4％に達している。また資金需要を支えているのは、公定歩合の引き下げによって設備投資が拡大しているからである。公定歩

合は1995年の10.44%から2002年には2.7%にまで低下した(中国人民銀行HP)。こうした資金需要の拡大の中で中国の国有4大商業銀行の不良債権は1兆8000億元となり、貸出し総額の40%以上に達した。

　前にも述べたように、中国では高度経済成長を維持しながら、最近では消費者物価が下落する事態が生じた。一方、第2次世界大戦後の資本主義国家は、高度の経済成長を達成すれば、同時に消費者物価も上昇するという状況があった。先進資本主義諸国では、成長の過程では需要の増大により、賃金上昇によるコストアップ、さらには寡占価格などによって価格が上昇した。中国においても、1990年代の半ばまでは急速な物価上昇を招いた。しかしながら、1998年からは物価下落あるいは横ばい状態が続いている。1990年代初めまでの物価上昇は、供給不足による需要の増大が主因であった。しかしながら、今日の物価停滞・下落は供給不足から供給過剰の状態に転換したことを意味している。供給過剰になった要因の1つは、中国人民銀行の金融緩和策により豊富な資金が企業に流れ込み設備増大を招いたことである。その結果、需要を上回る生産量となり、販売価格の低下となった。しかしながら、企業は販売価格が下落しても生産稼働率を維持するために採算を無視した生産拡大と激しい企業間競争を誘発した。特に家電製品であるテレビ、エアコンなどでの販売価格低下は顕著であった。その他日用品、食品などでも価格低下が起こり2002年は0.9%下落となった。こうした一部企業による生産増大、価格低下現象の結果、2002年赤字企業は全体の6分の1弱となったのである。

　中国経済は、改革開放政策以降、経済発展の過程の中で国際経済との関係を強めざるを得ないという状況がある。こうした中国経済の国際経済とのリンクが国内経済に与える影響は大きく、また、種々の問題も生じている。そこで中国経済は、今日、どのような問題・課題に直面しているか以下に述べよう。

(1) 経済成長を持続させるためには産業構造の見直し
　　―第2次産業中心から第3次産業へのシフト―

　ペティ＝クラークの法則によれば、経済発展に伴って、1国の所得、雇用が、第1次産業から第2次産業へ、第2次産業から第3次産業へと比重を移していくことになっている。たしかに、日本や欧米の資本主義先進諸国の経験では、経済成長に伴って1国の国内総生産（GDP）の比重は第1次産業から第2次産業へ、そして第3次産業へとシフトしている。しかしながら、高成長の下での中国の産業構造は、それとは異なる軌跡を辿っている。過去27年間の中国の産業構造の変遷を見ると、第1次産業の比率が大きく低下してきたものの、第2次産業から第3次産業へのシフトはほとんど進んでおらず、直近の景気拡大期が始まった2001年以降はむしろ逆の動きを見せている。2001年から2004年にかけて、第2次産業の比重が50.1％から52.9％に上昇したのに対して、第3次産業は逆に34.1％から31.9％に低下している。この結果、中国政府が第3次産業の育成を重要な政策課題として掲げていたにもかかわらず、中国の経済成長は、ますます第2次産業、なかんずく、重化学工業の拡大に依存するようになっている。

　その背景として、前述したように、中国政府の積極的な外資導入政策もあって外国企業の工場進出が急増したことや、中国国民の所得水準の向上に伴い、その需要が家電製品を中心とする耐久消費財から自動車、住宅などへと急拡大したことが挙げられる。

　しかしながら、日本総合研究所の呉軍華主席研究員は、市場経済化を進めつつも政治的に現体制の維持を絶対視する「政経分離」型改革路線の下で、第3次産業の発展が制約されたことが最大の要因ではないかと分析している。すなわち、世界各国の政治的自由度と各国のGDPに占める第3次産業の比重の相関関係の分析結果（米国のNGOフリーダムハウス）によると、政治的自由度が高い国ほど第3次産業の発達度合いが高いという。その調査では、「政治的自由がない」国に分類されている中国は、第3次産業の比重は30％台前半で、

「政治的自由のある」高所得国、中所得国、及び低所得国の平均水準の49％をはるかに下回っているのである。

　第3次産業が政治的自由度と高い相関関係を持つ背景には、法体制の整備や言論の自由など政治制度面のバックアップを必要とする金融や情報通信などの新興サービス産業が、飲食業や小売業といった伝統的サービス業に代わって、第3次産業を構成する最も重要な産業になっていることが指摘されている。なかでも、金融関連サービス産業の場合、対象とする商品は実物として存在しないため、情報の非対称性に起因する問題が生じかねず、それを解決するためには法律に基づく規制や報道・情報交換、公正な調査分析によるチェック機能の強化が不可欠である。

　そこで、中国で第3次産業が育たなかった原因を分析すると、金融関連サービス産業の育成が進展しなかったことが最大の要因とみられている。中国の場合、第3次産業に占める金融関連サービス産業の比重を見ると、1997年の27.1％をピークに、2003年には24.8％まで低下しているのである。環境問題やエネルギー・資源の制約によって第2次産業依存の高度成長が限界に近づきつつある中で、第3次産業とりわけ新興サービス産業を育成し、産業構造を第2次産業から第3次産業にシフトしていくことは、中国が持続的成長を実現していくうえで喫緊の課題といえよう。

（2）財政基盤の強化及び金融システムの整備

　中国の改革開放政策は、結果として多国籍企業の受け入れのための基盤整備であり、そのための国内政治・経済体制の強化が中央政府の課題として登場した。

　国際経済の枠組みの中に積極的に参加するためには、国内の基盤整備を必要とするが、その基盤整備は、世界貿易および国際金融市場の枠組み、すなわちIMFやWTOに、受動的に巻き込まれていく側面と、こうした国際経済システムに積極的に参加していく条件を形成していく側面の両面を持っている。そ

のためには、上記(1)の課題とも大いに関係するが、中国は財政政策とりわけ合理的な徴税制度を確立することによって、財政基盤を強固にする必要がある。また、金融システムは、企業の資金調達を可能にする間接金融方式の確立を目指すのか、あるいは直接金融方式のための株式・債券市場の整備を優先するのか、政策提示することが必要であろう。

（3）中国の経済構造はアジアとりわけ日本、韓国などの東アジアおよびASEAN諸国との国際分業の関係を一層深めていくのかどうかの選択

先進国企業は、次のような諸要因によって、中国市場へ向かわざるを得ない状況をつくりだしている。すなわち、多国籍企業を中心に過剰資本の存在、過剰生産設備の存在、およびEUやNAFTAなどの経済統合の進展に伴う市場拡大の制限が表面化したこと、さらに、発展途上諸国での経済的困難の一層の拡大、新規技術の開発の困難性などの諸要因が重なっているのである。

そこで、中国市場は、先進国にとって将来的にも拡大の可能性を持っているか、という問題がある。少なくとも先進国にとっての中国は、今後も共産党政権が維持され国内において政治・社会的混乱が起こらないとすれば、依然として有望な市場として、あるいは国際的生産基地としての意義は大きいということになろう。

これまでの中国は多国籍企業の国際経済システムのネットワークの中に組み込まれた生産力の発展であった。したがって中国経済・企業の生産体制ないし経済構造は、多国籍企業のネットワークに組み込まれることによって自立性を失うことになる。中国は多国籍企業の世界戦略の中の1地域として位置づけられているのであるから、経済構造は当然、多国籍企業の国際分業体制に似せられて形成せざるを得なくなっていく。多国籍企業による国際的生産配置は、アジア地域との国際的分業関係も推進していくことになる。したがって、中国が自立した経済発展を目指すならば、多国籍企業の要請に基づく生産配置ではなく、アジア諸国との共同化・連携によってアジアとの国際分業関係を推進して

いくことが重要である。アジア諸国との共同化・連携は、華僑・華人資本を中心に行われることもあろう。

本来、中国はアジアとの連携を強めていくことによって中国の主体性を発揮できる条件を形成しうるという方向性も目指している。しかしながら、現在までの経済発展は外国技術に依存せざるをえない状況であった。先進諸国においても初期の段階では外国資本・技術に依存する場合が多かった。多国籍企業の国際分業体制に組み込まれたままの状態が続けば、中国は先進国の単なる下請的生産地になる可能性がある。現在の中国は、多国籍企業の世界システムの中に組み込まれることによって先進国資本の「下請的生産」という性格が強められつつある。

しかしながら、他方、中国はASEAN諸国とのFTA締結が日程に上っているし、また、日本、韓国とのFTA締結も提起している。いまや、中国はアジア経済圏設立の中心的役割を担おうとしているのである。こうした中国の国際関係の行動は、資本主義の確立ということを中心とした経済改革あるいは資本主義国際経済システムに適用した政策を一層進めることになるのである。

(4) 沿海地域と内陸部の経済格差問題

1992年、鄧小平の上海における南巡講話の中で、沿海地域の開発を優先して先に富み栄え、その後、内陸部の開発に着手するという「先富論」が唱えられた。このときから、経済の地域格差は、それまで以上に、顕著に拡大していった。

中国の経済発展の過程は、多くの先進国が経験したのと同じように、工業と農業、先端産業と素材・労働集約型産業、大都市と中小都市、都市と農村などの経済的格差の拡大をもたらした。こうした現象は今後も継続していく過程にある。したがって、経済的格差は、経済発展が続く中で克服されるのか、あるいはその格差を活用することによって、より資本主義的市場形成を促進することにつながっていくのかという課題がある。

また、輸出産業と非輸出産業、競争力のある産業と弱い産業、保護を必要とする産業と外国市場へ進出しうる産業、技術集約型産業と労働集約型産業など、産業間の格差問題をどのように解決していくのかという課題がある。中国政府は、これらの課題解決の方向性の1つとして西部開発計画を策定した。しかしながら、この西部開発は、中国内部の資本・技術の活用ではなく、外資系企業の誘致をどのように図るかということが課題になっている。また、各地で計画された「開発地区」は、これまで6000地区以上もあったが、そのうち3分の2の地区の計画が取りやめになっている。急速な経済発展は、各省・地域での実行不能な計画を導いた結果として、過剰な地域発展計画の見直しそして縮小されることになったのである。その結果として、外資に依存する経済発展・地域発展は、一定の歯止めが課せられたことになる。

（5）中国における外資系企業と非外資系企業との経済的格差・生産力格差・技術格差

　中国の経済発展は、前述したように外資系企業を中心とした国際経済関係を一層強化している。その結果は、外資系企業と非外資系企業との経済的格差・生産力格差・技術格差などが増大する傾向にある。したがって、国有企業も郷鎮企業も外国企業との合弁あるいは資本投下を望んでいる。外資との合弁を達成するためには、経営を黒字基調にしなければならない。そのためには国有企業は輸出企業になり、外国技術を導入しなければならず、そして、過剰な労働力を処理しなければならない。

　国有企業や郷鎮企業で、大規模なリストラ、過剰労働力の処理を行った企業の中には、外資導入に成功している例も出てきている。そうなると多くの企業で、いわゆる合理化を推進していくことになるが、発生する過剰労働力をどのように救済していくのか、あるいは農村における過剰労働力をどのように解決するのか、という課題がある。

（6）WTO 加盟以降の国際経済関係のあり方

中国は WTO 加盟によって、対外市場進出を加速化していくとともに国内市場も開放していくことになり、いわゆる公正な貿易を志向していくことになる。とくに中国市場開放ということでは、関税率の大幅な引き下げが余儀なくされている。自動車をはじめとして農業生産物も例外なき関税制度が適用される。また知的所有権、サービス貿易などでの市場開放も求められている。こうした開放政策・自由貿易志向は、既存の地域産業・地場産業などが国際競争の中で生産維持が可能になるかの課題が生じている。

中国政府は、上に列挙したような経済政策の諸課題に直面しているが、これらにうまく対処して持続的な高度経済成長を実現していくのは、並大抵のことではないと思われる。しかしながら、13億人の民の社会的厚生を最大にしつつ、世界経済の発展のために、貢献するためには、避けて通れない課題であろう。さらに、21世紀のこれからの中国の経済政策を考える上で、不可避の課題は、地球温暖化対策等グローバルな環境対策および国内の地域環境対策（公害問題等）に本気で取り組まなければならないということである。つまり、21世紀の中国経済の持続的発展のためにも環境対策が避けて通れなくなっているという事実を認識する必要がある。次節以降、中国の環境問題の実情について述べ、その関連分析を行うが、公式データの不完全さにより、定量的な分析と実態認識にかなりの乖離が生じていることに留意する必要がある。

3　中国における環境問題の実態とその課題

3.1　環境問題の実態

改革開放以後、中国が高度成長を開始するにつれて環境問題が深刻化してきたといわれている。環境クズネッツ曲線に従うとすれば、中国は現在、公害の逆 U 字型過程における最初の悪化局面にいることになる。ところが公表され

た統計数字を見る限り、少なくとも1985年以降GDPの伸び以上に環境が悪化してきたとか、あるいは被害が拡大してきたということはない（表3-1参照）。

　すなわち、表3-1によれば、工業廃水の排出量は徐々に減少し、その処理率は着実に上がってきた。また粉塵の放出量も固形廃棄物の排出量も急速に減少してきている。これを環境対策の進歩と解釈することも不可能ではない。しかしながら、この表から得られるイメージは、我々の印象や実感、断片的事実と大きく食い違っている。それはなぜであろうか。

　こうした統計指標を読む際、次のような点に留意すべきであろう。

　第1に、これらの数字はすべての企業をカバーしているわけではなく、とくに公害がひどいといわれている郷鎮企業が調査対象から落とされている。しかも、国有企業をはるかに上回る速度で発展してきたのが、郷鎮企業や非国有部門あるいは外資系企業なのである。中国政府は1989年から92年にかけて全国57万1200社の郷鎮企業（1989年当時の郷鎮企業全体の7.8％）の調査を行い、汚染処理率が極めて低いことが判明した。1997年末にまとまった「全国郷鎮工業汚染源調査」によれば、汚染源の数は95年時点で全国121万6000ヵ所である。しかしながら、実際はその20倍ともいわれる（読売新聞1998年6月19日）。

　第2に、絶対水準から見ると他国の環境水準を大きく上回っている。たとえば、二酸化硫黄（SO_2）の排出量は日本のそれの15～16倍に相当し、平均濃度でとると日本の約3倍である（中国研究所編1995）。GNP100ドル当りのエネルギー消費量とSO_2排出量は、ともに同じ低開発国のインドの約2.5倍にも達する（速水1995）。その他、降下煤塵や水質汚染など、他の汚染指標をとっても似たような状況が見られる。

　中国は人口規模が大きく、また急速な発展を遂げつつあるだけに、「改善されつつある」環境汚染も他の国以上に大きな損害を自国、ならびに近隣諸国に与える。大気汚染の元凶のひとつである自動車の排気ガスは中国ではまだほとんど規制されておらず、モータリゼーションの波に洗われていない現在でさえ

表3-1　中国における環境汚染指標の変化

	単位	1985	1990	1995	1996	2000	2001	2002	2003年
工業廃水排出量	億トン	257.4	248.7	221.9	205.9	194.0	203.0	207.0	212.0
工業廃水処理率	%	?	?	76.8	81.6	76.9	85.2	88.3	89.2
工業粉塵放出量	万トン	1,305	781	639	562	1,092	991	941	1,021
工業固形廃棄物産出量	万トン	52,590	57,797	64,474	65,897	81,608	88,746	94,509	100,428
同　排出量	万トン		4,767	2,242	1,690	3,186	2,894	2,635	1,941

(資料)『中国統計年鑑』各年版

大都市の空気をひどく汚染しているが、これから自動車台数が急増するに伴い、どこまで汚染が進行するのか、想像することさえ困難である。

　第3に、後に詳しく述べるが、中国における環境行政と環境保護政策にも問題があり、汚染を有効にコントロールする制度的装置が必ずしも十分に発達していないことである。

そのために、汚染をして罰金を支払った方が有利であるとか、公害を厳格に制御するメカニズムが欠けている。それゆえ、汚染処理費用の増大は、必ずしも汚染防止の進展を意味しない。

　第4に、前述の表3-1には掲げられていない土壌流出や砂漠化など、農村部を中心とする環境悪化がゆっくりと、しかも確実に進行していることである。

　中国の大気汚染及び水質汚濁がどの程度の被害を中国に与えているのか。世界銀行は、汚染が物理的にどの程度の被害をもたらしているのか、汚染の種類ごとに推計し、それを金額に換算している（World Bank 1997）。この場合、問題になるのは人的被害の換算であるが、アメリカにおける基準を中国に対して、一人当りGNP比率を用いて当てはめている。そのさい、人的被害を評価するのに、支払い意思（WTP：willingness to pay）法と人的資本法の二つの方法を代替的に使っている。支払い意思法は、失われた生命を償おうとするものであり、人的資本法とは、死によって失われた賃金のみを評価する方法である。いささか古いデータであるが、世銀の推計結果を、表3-2に示す。

表 3-2　大気汚染・水質汚濁のコスト　　　　(100万米ドル)

	支払い意思評価	人的資本評価
都市大気汚染	32,343	11,271
早死	10,684	1,597
疾病	21,659	9,674
活動日の制限	3,842	3,842
気管支炎	14,092	2,107
その他の健康被害	3,725	3,725
室内空気汚染	10,648	3,711
早死	3,517	526
疾病	7,131	3,185
鉛中毒（児童）	1,622	270
水質汚染	3,930	3,930
保健医療費用	1,988	1,988
農漁業損失	1,159	1,159
水不足	783	783
酸性雨	5,046	5,046
作物森林被害	4,361	4,364
原材料被害	271	271
生態系被害	411	411
合計	53,589	24,228
対 GDP 比率（％）	7.7	3.5

(資料) World Bank (1997e)

3.2　環境クズネッツ曲線による日中比較分析

　エネルギー経済統計要覧（EDMC）各年版に基づいて、日本および中国の環境クズネッツ曲線を作成した（表 3-3〜表 3-5 参照）。以下、それぞれ、曲線の形を分析してみよう。

（1）表 3-3 には、1885年〜2000年までの日本における1つの環境クズネッツ曲線を示す。これは、経済発展を示す経済変数として一人当たり実質 GNP を考え、また、環境負荷を表す経済変数として実質 GNP 単位当りのエネルギー消費量を考え、両者の関係をプロットしたものである。このグラフの形から、日本の場合は、みごとに、経済発展とともに環境負荷が大きくなり、あるピー

クを過ぎてさらに発展が進むと、環境負荷が減少していくという「クズネッツの逆U字仮説」が成立している。

表3-3の日本の環境クズネッツ曲線の形から、逆U字型のピークは、1970年から1974年（昭和45年〜49年）頃であり、まさに日本の10％を超える高度成長のピークが過ぎた直後、そして第一次石油ショックと同じ時期にあたる。

（2）さらに、表3-4〜表3-5は、日本及び中国の1971年から2002年の32年間の12時点をプロットした環境クズネッツ曲線を示す。経済発展変数としては、一人当たり実質GDP（1995年価格米ドル/人）、そして、環境負荷変数としては、実質GDP当りCO_2排出量（炭素換算トン/1995年価格百万米ドル）を取り上げてそれぞれプロットしたものである。（また、経済発展の変数は同じで、環境負荷の変数として実質GDP当りの一次エネルギー消費量（石油換算トン/1995年百万米ドル）を考えてプロットしたものも作成したが、曲線の形および傾向は全く同じであったので、ここでは省略した。）

まず、日本の曲線の形が、1973年に環境負荷のピークを示し、それ以降は漸次、右下がりになっている（表3-4参照）。これは表3-3の超長期の環境クズネッツ曲線で明らかにしたように、1973年前後の第一次オイルショック時期に日本の環境悪化がピークになったことの再確認となっている。日本における1973年の一人当り実質GDPは、24180米ドル（1995年価格）、実質GDP当り一次エネルギー消費量は124石油換算トン/1995年価格百万米ドルである。

（3）さて、中国の環境クズネッツ曲線であるが、驚くべきことに、これは、日本とほとんど同形である（表3-5参照）。しかしながら、前にも述べたように、中国の統計データについては、その採取方法やその対象範囲等の問題に由来する限界にも十分注意しなければならない。

それにしても、まさにこのグラフからは環境問題に関する限り、日本と同様の経済先進国であり、環境先進国としての中国の姿がイメージされるが、現実的

ではないことが理解されよう。グラフから読み取れることは、1980年前後に環境悪化のピークとなりその後は、所得の増加とともに着実に環境が改善されていることになっている。ちなみに、1980年時点での一人当たり実質GDP及び

表3-3　日本の環境クズネッツ曲線（1885年〜2000年）

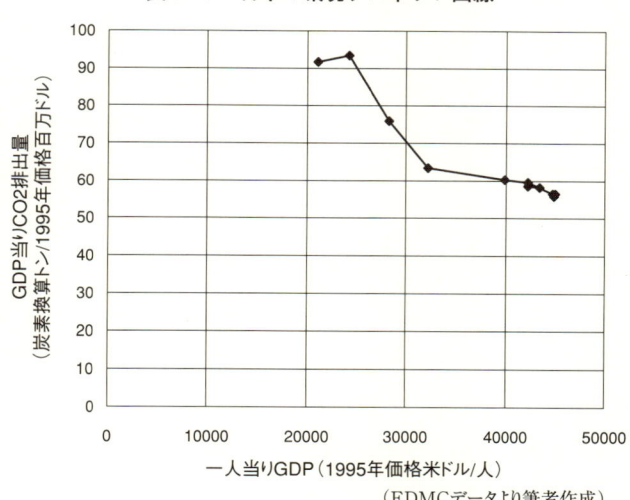

（EDMCデータより筆者作成）

表3-4　日本の環境クズネッツ曲線

（EDMCデータより筆者作成）

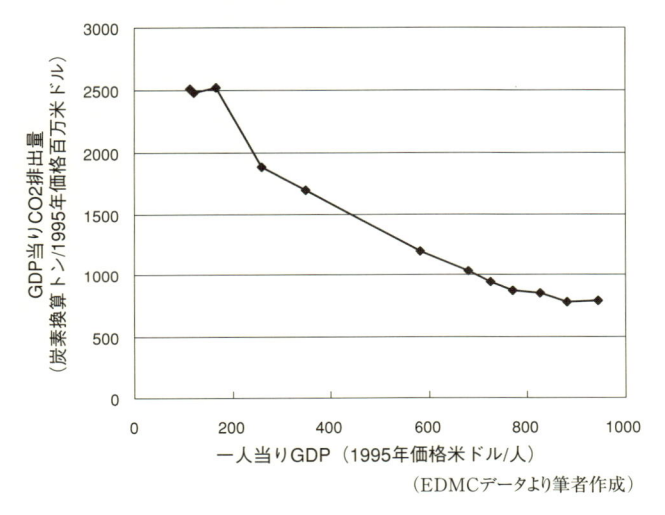

表3-5　中国の環境クズネッツ曲線

縦軸：GDP当りCO2排出量（炭素換算トン/1995年価格百万米ドル）
横軸：一人当りGDP（1995年価格米ドル/人）

（EDMCデータより筆者作成）

実質GDP当り一次エネルギー消費量はそれぞれ168米ドル/人、2559石油換算トン/百万米ドルであった（EDMC2005年版）。

次節においては、環境悪化をどのように抑制し、また改善すればよいか、中国の環境対策とその問題点について考察しよう。

3.3　中国の環境対策とその問題点

中国は比較的早くから環境問題の重要性を認識し、いくつかの施策を打ち出してきた。1973年に「第1回全国環境保護会議」が開かれ、これが中国における環境行政の原点だといわれている。1978年には憲法が改正され、環境保護の規定が盛り込まれた。1979年には環境保護法（試行）が制定され、そこでは汚染者処理原則が打ち出された。1982年には海洋環境保護法、1984年には水汚染防止法、1987年には大気汚染防止法が、それぞれ制定された。1989年には環境保護法は正式に制定され、1992年には中国環境保護行動計画が打ち出され、1994年には「中国アジェンダ21」なる行動計画が国務院によって承認されている。また、1995年に成立した修正大気汚染防止法には、より厳しい二酸化硫黄

削減規定が盛り込まれているし、1996年には汚染のひどい郷鎮企業閉鎖の運動が展開され、6万もの企業が閉鎖されたという（World Bank 1997）。

1984年に中央には環境保護委員会が設けられ、そのもとで環境保護局が、また省レベルでも、それに対応した環境保護機構が設立された。法的整備と機構的配置のこうした制度化の動きを見ると、少なくとも形式的には中国の環境対策は大いに進んできたような印象を受ける。しかしながら、実態は、単なる資金不足の問題を超えて、多くの課題が突きつけられている。

具体的にいえば、中国の環境行政と環境政策には以下のような問題点を含んでいる。

① 環境情報の信頼性の問題

郷鎮企業は言うに及ばず、国有企業にしても正確な情報を提供しているとは思われないことである。それゆえ、汚染の限界外部費用は計測できない。その結果、中国語で「排汚費」といわれる汚染処理費用が低く評価され、汚染を促進している可能性が強い。

理論的には、ピグー税に相当する排汚費を減らしたとすると、汚染量はその分増加し、汚染が拡大することになるのである。

② 環境保護の実効性

汚染企業を摘発することが困難である。なぜなら、2-2. の中国における経済政策の課題のところでも述べたように、国有企業と政府とは同じ仲間に属し、腐敗と同じように摘発が困難であるからである。

③ 経済優先

環境より経済発展が優先される。地方政府にとって、まず、経済開発を行い、次に環境対策に重点を移すという意識が強い。地方政府にとって、環境保護か、経済発展かという選択に迫られれば、往々にして後者を優先してしまうであろう。特に郷鎮企業や小企業では、技術水準が低く、また排汚費用を支出できない場合がある。

④ 汚染排出処理費

徴収された排汚費の80％は、環境特定項目資金として企業に無償で汚染防止のために使われ、残りの20％が環境保護局の整備資金として使われる。しかしながら、企業ではこうした処理費用を生産コストに計上できるために、企業にとってはそれほど負担にならない（井村・勝原編1995）。

⑤　環境意識

一般の住民にとっては明白な公害による権利侵害がある場合は別であるが、特に、内陸部の遅れた地域においては、それほど住民の環境意識が高いとはいえないようである。

⑥　対抗勢力の欠如

住民運動も、政府や国有企業に対抗する勢力ではなく、彼らも十分な情報を持っていない。とはいえ、次第に沿海部を中心に住民が公害企業を訴えるケースが増えており、いずれは住民運動にまで発展し、究極的には草の根の民主化に大きく貢献するようになるのかも知れない。台湾では、国民党独裁時代には公害反対の住民運動が、1987年の戒厳令解除後における民主化を担う先駆けとなった（寺尾1993）。

⑦　政治的決定

⑥と密接に絡むが、現在の政治体制のもとでは、異なる利害集団の利害を調整するメカニズムがないか、あっても弱い。公害を巡る紛争が増え、それによって裁判による決着や、被害住民に対する賠償の支払いが増大していることは確かであるが、汚染の限界費用と限界便益を（仮に測定できたとしても）等しくさせるような決着は制度的に困難である。

4　まとめに代えて―中国の持続可能な発展のために―

経済（Economy）、エネルギー（Energy）、環境（Environment）の3要素（3E）は、互いに切っても切れない不可分の関係にある。この3要素の中のどれか1つだけを取り出して問題を解決しようとしても解決することはできない

という、いわゆる「トリレンマ」である。

　経済成長とともにエネルギー需要は増大するが、エネルギー源として石炭や石油という化石燃料に依存する限り、硫黄酸化物（SO_x）、窒素酸化物（NO_x）、粉塵などの大気汚染物質の排出は増大する。また、地球温暖化の原因となる二酸化炭素（CO_2）の排出量も増大する一方である。

　中国の場合、国民一人当たりで見た環境負荷は決して大きくはない。一人当たりCO_2排出量では、0.744トン（炭素換算、以下同じ）であり、世界平均1.07トンの7割強、アメリカの5.45トンの7分の1以下である（2002年、EDMC/エネルギー・経済統計要覧（2005年版））。しかしながら、その大きな人口のため、総量ではアメリカに次ぐ第2位となって各国から問題視されているのである。

　中国の経済成長は、国内に埋蔵されている豊富な石炭資源のおかげだといっても過言ではない。1990年以降の採掘量は、2000年の9億9800万トンを除いて、毎年10億トンを越えている（中国統計年鑑、各年版）。中国国内にこれだけ豊富な石炭資源が存在せず、輸入エネルギーに頼らざるを得なかったとすれば、今日のような経済成長はとても達成できなかったであろう。

　しかしながら、大気汚染の面で大きな問題になるのが、石炭中の硫黄含有量である。この値は産地によってかなり変動するが、一般に中国炭の硫黄分はかなり多いといわれている。また、灰分（アッシュ）も15～25％と多い。中国の環境問題は、急激に進む工業化に環境対策が追いついていないところに根本的な原因がある。旧式設備の改善にも、汚染除去技術の設置にも資金が必要だが、それが絶対的に不足している。ここで、もし資金があるなら、それは生産拡大に寄与する設備の方にまわされ、環境対策は後回しにされがちである。生産拡大によって利潤が得られれば、その一部は環境対策に配分されるであろうが、対策を上回る環境汚染が新たに発生すれば、事態は悪化する一方である。この悪循環を断たねばならないのである。

　こうした事態を極力回避するために「三同時の原則」があり、「排汚費制度」

がある。「環境影響評価制度」もある。定量的な目標を掲げた長期的な環境計画も策定されている。環境管理の理念と制度は非常に進んでいるといってよい。これは、見方によれば、資金と技術の不足を環境管理システムの整備によって補おうとしているとも解釈できる。しかしながら、こうしたアプローチにも限界がある。国の基本方針として環境の重要性がいかにうたわれていても、資金配分の実態においては経済開発が優先されているからである。そして、環境汚染が生産技術の適用現場から発生している以上、最終的には技術とそれを可能にする資金によってしか問題は解決されないのである。

当面、規模が大きくて費用のかかる対策は外国政府からの援助と外資導入によって実行せざるを得ない。大連市の環境保護特別区構想に見られるような、特定の地域に焦点を当て、外国との協力を見込んだ環境対策には成功の見通しが高く、今後もそうした成功例は増えていくものと期待される。しかしながら、それが地域や企業の格差をますます拡大することにつながりかねないことも事実である。

近い将来、人口14億〜15億に達するといわれる中国において、経済発展と環境保護の両者を如何にバランスさせるかについて、まだだれも解答を用意してはいない。不確実性に満ちた未来ではあるが、今世紀がアジアの時代になることは間違いなさそうである。同時に、環境の世紀ともいわれるように、地球および地域の環境保全が各国共通の問題としてより強く認識されることになろう。

日本、中国、韓国、東南アジアの経済的結びつきが強まる中で、この地域を舞台にした国際環境協力がますます重要になろうとしているのである。

【参考文献】
植田和弘・岡敏弘・新澤秀則編（1997）『環境政策の経済学』日本評論社。
速水佑次郎（1995）『開発経済学』創文社。
南亮進（1990）『中国の経済発展―日本との比較』東洋経済新報社。
寺尾忠能（1993）「台湾―産業公害の政治経済学」小島麗逸・藤崎成昭編『開発と環

境―東アジアの経験』アジア経済研究所.
井村秀文・勝原健編著（1995）『中国の環境問題』東洋経済新報社.
茅原郁生編（1996）『中国エネルギー戦略』芦書房.
李志東（1998）「中国の環境問題と環境保護システム」環境経済・政策学会編『アジアの環境問題』東洋経済新報社.
高木新太郎・小島紀徳編著（1999）『エネルギーと環境―東アジアを中心に』成蹊大学アジア太平洋研究センター叢書、日本評論社.
寺西俊一編（2003）『新しい環境経済政策―サステナブル・エコノミーへの道―』東洋経済新報社.
藪田雅弘・中村光毅（2004）「アジア諸国における環境クズネッツ仮説の実証分析」『地域学研究』第34巻、第1号、日本地域学会.
野上健治（2004）『社会環境学のアイデンティティ―持続可能な社会の実現に向けて―』学文社.
門倉貴史（2004）『中国経済大予測』日本経済新聞社.
平野孝編（2005）『中国の環境と環境紛争』龍谷大学社会科学研究叢書第60巻、日本評論社.
岩田勝雄・陳健編著（2005）『グローバル化と中国経済政策』晃洋書房.
李明星著・日野正子訳（2005）『中国経済の発展と戦略』NTT出版.
中国統計年鑑編集委員会編『中国統計年鑑』（各年版）中国統計出版社.
日本エネルギー経済研究所エネルギー計量分析ユニット編『EDMC/エネルギー・経済統計要覧』（2002年、2005及び2007年版）、㈶省エネルギーセンター.
China's Agenda 21-White Paper on China's Population, Environment, and Development in the 21st Century, Adopted at the 16th Executive Meeting of the People's Republic of China on 25 March, 1994.
World Bank（1997）*Clear Water, Blue Skies*, World Bank.

第6章　会社法における会社非訟事件

森　　光　雄

1　はじめに

　平成17年改正前の商法（以下、「旧商法」という。）には、各種の非訟事件が規定されており、会社をめぐる紛争等の処理に重要な役割を果たしてきた。もっとも、当時は、その手続については、旧商法にではなく、平成17年改正前の非訟事件手続法（以下、「旧非訟事件手続法」という。）第3編「商事非訟事件」に規定されていた。そして、この第3編「商事非訟事件」に規定された事件が、商事非訟事件といわれてきたが[1]、そのほとんどが、旧商法第2編「会社」、有限会社法および商法特例法に根拠規定のある会社に関する非訟事件であった。

　その後、平成17年に会社法（平成17年法律第86号）が制定され、平成18年5月から施行された。会社法においても多数の非訟事件が規定されている。

　周知のとおり、会社法においては、旧商法と対比すると、多数の事項について大幅な改正・整理がなされたが、会社に関する非訟事件についても様々な改正等がなされている。とりわけ、その手続規定が会社法第7編「雑則」第3章「非訟」に置かれた点が重要である。さらに、会社法の委任により手続の細目等を規定する会社非訟事件等手続規則（平成18年最高裁判所規則第1号）も制定された。同規則1条は、会社法の規定による非訟事件の手続を「会社非訟事件手続」と称している。そこで、従来の商事非訟事件という名称も、会社非訟

事件へと変更された。今後は、この会社非訟事件が、会社法の規制、運用のために重要な役割を担っていくこととなる。

ところが、かつて、商事非訟事件の研究は、あまり活発ではなかった。昭和40年代前半には、商事非訟事件に関する研究や報告が極めて少ないこと、その理由としては、商法にとっていわば周辺の問題であることなどを反映して商事非訟事件が訴訟事件を中心とする裁判事務の中においても日陰者の扱いを受けたこと、上級審の判断を仰ぐ機会が少なかったためそれを契機にしての判例・学説の見るべきものが生まれなかったことなどが指摘されていた[2]。近年では、裁判官等の法曹実務家による実務を踏まえた研究などが増加してきたものの、商法学において、会社に関する各種制度、諸問題についての研究が枚挙に暇がない状況であったことを考えれば、研究が手薄な分野であったことは否めない。

会社法制定後も、会社非訟事件に関する研究は、立案担当者による論稿を除くと、未だ多くはない。そこで、本稿では、会社非訟事件について、会社法における手続規定、特に第7編第3章第1節「総則」を中心に検討することとしたい。

2　会社法制定前の商事非訟事件

会社法第7編第3章の諸規定は、当然のことながら、会社法制定前の商事非訟事件に関する手続規定および実務の運用における各種の問題点の存在を把握した上、改善を必要とする点に修正を加えている。そこで、最初に、会社法制定前の商事非訟事件をめぐる状況を概観しておく。

(1)　実体規定と手続規定の分離

現在の会社非訟事件は、会社法制定前の商事非訟事件に相当する。商事非訟事件については、明治32年に現行商法が制定、施行された当時から、実体規定

は商法に、手続規定は非訟事件手続法に、分離して規定を置く形式が採用され、その後の商法の改正に伴い、非訟事件手続法も度々改正を受けてきた[3]。旧非訟事件手続法には、第3編「商事非訟事件」が置かれており、第1章「会社及ビ競売ニ関スル事件」、第2章「社債ニ関スル事件」、第3章「会社ノ整理ニ関スル事件」、第4章「会社ノ清算ニ関スル事件」、第5章「商業登記ノ嘱託」から構成されていた。また、同法第1編「総則」の規定も商事非訟事件に適用された。

このように実体規定だけは実体法たる商法に置き、手続規定は非訟事件手続法にという形式は、実体法と手続法に役割分担をさせるという意味からは理解できる。しかし、このような方法が必然的な要請ということではなかった。商法以外の法律が規定する非訟事件の中には、借地法ないし借地借家法における借地非訟事件のように、実体規定と手続規定を同一の法律の中に置くものも存在したのである。

(2) **商事非訟事件の種類別事件数**

会社法制定の前年である平成16年の東京地方裁判所における特別清算以外の商事非訟事件のうち新受件数の多い事件をみると、解散届1380件、重要資料保存者選任1201件、清算人選任105件などとなっていた[4]。一方、大阪地方裁判所においても「例年どおり解散届と重要資料保存者選任が商事非訟事件の約8割を占めるが、これらを除けば、清算人選任事件と社債に関する事件が相当の割合を占め」[5]、東京地方裁判所と同様の傾向であった。なお、事件数の多い解散届は、旧非訟事件手続法136条ノ2が、会社の清算に対する裁判所の監督を規定しており、この監督を実効性あるものとするため旧商法418条により必要とされていた。ただし、届出を受けた裁判所がこれに対して裁判をすることはなく、他の事件とは著しく性質が異なるものであった。そこで、昭和42年当時、東京地方裁判所では、解散届は事件として立件していなかったようである[6]。

ところで、件数の多い商事非訟事件は、年代により変化することもあるが、これには商法・有限会社法改正の影響が大きいと考えられる。たとえば、平成2年に有限会社法が改正される以前は、有限会社から株式会社への組織変更には裁判所の認可が必要であった（平成2年改正前有限会社法67条3項）。改正前の昭和61年度から平成元年度途中まで、東京地方裁判所商事部における商事非訟事件の数の中で、有限会社の株式会社への組織変更認可申請事件は、毎年ほぼ30ないし40パーセント台を占めていたという[7]。

3　商事非訟事件の手続規定の問題点

　実体規定と手続規定を商法と非訟事件手続法に分離して設けるという形式は、一覧性がなく、利便性を欠いていた。しかも、旧非訟事件手続法第3編の規定は、管轄裁判所については、第1章から第4章の冒頭の条文において、その章の事件につきまとめて規定していたが、その他の事項については各事件ごとに配置されていた上、条文の準用も多く、難解な規定ぶりであった。

　さらに、非訟事件手続法の規定と商事非訟事件の実務との乖離も発生していた。典型的な例は同法15条である。商事非訟事件には、同法第1編総則の規定が適用されたが（非訟事件手続法1条）、同法15条は、1項において、検察官が事件につき意見を述べること、および審問に立会うことができる旨を規定し、また、この機会を保障するため2項において、裁判所が検察官に対し事件および審問期日を通知すべきことを規定している。これは、非訟事件は事件の種類により程度の差があるものの公益に関するものであるから、公益の代表者として検察官に意見を述べ、審問に立会う権限を認めたものである。

　ところが、同条1項の検察官の審問への立会い、意見の陳述、および2項の検察官に対する事件及び審問期日の通知は、相当以前から実務では全く行われていなかった[8]。特に、15条2項については、訓示規定と解する説と裁判所は通知をしなければならないと解する説があり[9]、後説によればこのような実務

は問題を孕むこととなる。

　なお、旧非訟事件手続法第3編には同条の適用を排除する特別規定も存在した（134条5項・135条ノ9第1項・2項・135条ノ23・138条ノ5）。しかし、15条の適用が排除される商事非訟事件と、適用される商事非訟事件との振り分けには、説得力を欠く場合も存在した。同法135条ノ23の立法趣旨は、社債に関する事件の手続は、直接一般公益に関係することは比較的少ないと思われることにあるといわれる[10]。そこで、上場会社の発行する社債に関する事件には15条の適用が排除される。一方、資本金1000万円の同族会社である株式会社設立の際の変態設立事項調査のための検査役選任申請事件は同条の適用ありということになる。しかし、前者は後者よりも公益に関連する程度が高いといえるのでなかろうか。

　また、商事非訟事件の申請は、書面によりなすことを要するとされた事件（旧非訟事件手続法127条1項・131条2項等）を除き、書面又は口頭でなすことができるのが原則であった（非訟事件手続法8条1項）。したがって、口頭による申請も可能な事件もあったわけである。しかし、実務では申請は書面により行われるのが通例であった[11]。

　既に、昭和40年代前半には、商事非訟事件について、実体法上の制度を実情にかない実効性があるように改正したほうが妥当な事件があること、また、全般の事件を通じて、申請人適格、審尋を必要とする者、予納金、不服申立権者等の手続法上の整備を必要とすること、が主張されていた[12]。

　会社法制定に向けての検討過程において、考慮された旧非訟事件手続法第3編の規定おける問題点は、立案担当者によると次のようなものであった。すなわち、片仮名文語体の表記であること、主として事件の種別ごとに、管轄、疎明すべき事由、関係者に対する必要的陳述聴取、裁判における理由付記の要否、即時抗告、即時抗告の執行停止効、不服申立ての制限等の規定を置くが、基本的に前出の事件に関する規定を後出の事件に関する規定において、準用する規定振りとなっているため、準用関係が複雑でわかりにくいこと、および、

同種の事件でも必要的陳述聴取の規定の有無が区々になっているなど内容的にも不整合な点が散見すること、である[13]。

4　会社非訟事件の手続規定

(1)　概要

　会社法制定により、実体規定に関しては、多数の改正が加えられるとともに、非訟事件の新設、あるいは廃止もなされている[14]。一方、非訟事件の手続規定には大幅な改正が加えられた。立案担当者は、その概要を、①非訟事件手続法第3編の削除、②事件の種別ではなく手続の種別ごとに整理した規定を会社法第7編第3章に置くこと、③管轄、事由の疎明、必要的陳述聴取等に係る規定の内容につき事件の種別間の整合性を図ること、と説明している[15]。

(2)　非訟事件手続法の改正

　平成17年に非訟事件手続法が改正され、第3編の商事非訟事件についての規定がすべて削除された。すなわち、会社法の施行に伴う関係法律の整備等に関する法律（平成17年法律第87号）119条により、非訟事件手続法の一部が改正され、第3編については、第3編の編名及び同編第1章から第5章までの章名が削られ、126条から140条までが削除された。そして、旧非訟事件手続法第3編の規定の多くが、改正を受けるなどした上で、会社法に引き継がれた[16]。

(3)　会社法の手続規定

　会社法第7編第3章「非訟」は、第1節「総則」（868条−876条）、第2節「新株発行の無効判決後の払戻金増減の手続に関する特則」（877条−878条）、第3節「特別清算の手続に関する特則」（879条−902条）、第4節「外国会社の清算の手続に関する特則」（903条）、第5節「会社の解散命令等の手続に関する特則」（904条−906条）から構成されている。これを見ると、第3節「特別

清算の手続に関する特則」の条文数が全体の条文数の過半数を占めているのが際立っている。旧非訟事件手続法では、特別清算の手続に固有の条文が少ない上、多数の会社整理の条文を準用していたため（旧非訟事件手続法138条ノ15）、規律内容の理解が難しかったことからすると、面目を一新している。なお、特別清算事件に関しては、会社法の他の部分とは異なり、特別清算の改正については、倒産法制見直しの一環として、法制審議会倒産法部会で審議されたという経緯があること、各種会社非訟事件に共通する手続に関する会社法第7編第3章第1節の規定のうち、特別清算に適用されるのは868条1項、869条、875条、876条だけであること[17]に留意すべきである。

第2節以下の特則の対象とならない大部分の事件については、第1節の規定のみが適用されるが、管轄（868条）、疎明（869条）、陳述の聴取（870条）、理由の付記（871条）、即時抗告（872条）、原裁判の執行停止（873条）、不服申立ての制限（874条）のように手続の流れに従って条文が配置されている。各事件は、疎明が必要か否か、裁判所による陳述の聴取が必要か否か、不服申立ての可否・方法、を基準として、整然と分類することが可能となり[18]、手続の理解が容易になった。

なお、876条は手続の細目について最高裁判所規則に委任しているが、これは民事訴訟法と民事訴訟規則、破産法と破産規則のような近時の民事手続法、倒産法の立法の方式を踏襲したものといえる[19]。

非訟事件手続法第1編の規定も、会社法、会社非訟事件等手続規則に別段の定めのある場合を除き、会社非訟事件に適用される（非訟事件手続法1条）。これは、会社法制定前と変わらない。しかし、会社法875条は、会社非訟事件については非訟事件手続法15条の規定を適用しないと規定している。実務的に行われておらず同条の規律が形骸化している上、陳述、立会、通知の必要性が乏しいこと、労働審判法29条、借地借家法42条などが非訟事件手続法15条を準用の対象から除外していることとの均衡などが理由とされている[20]。

ちなみに、検査役選任の申立てがあった場合には、裁判所は不適法として却

下する場合を除き検査役を選任しなければならないとする規定（33条2項・306条3項・358条2項）のように、会社法第7編第3章ではなく、会社非訟事件の実体規定の中に、手続に関する規定が新たに設けられたものもある。また、総会検査役や業務検査役は、裁判所に報告書を提出するが、会社法制定前の実務においては、その写しを2通裁判所に提出し、前者の場合は裁判所から1通を申請人に1通を会社に、後者の場合は、裁判所から1通を申請人に1通を代表取締役に、交付していたという[21]。会社法では、この実務とほぼ同様な内容を明文で規定した（総会検査役について306条7項、業務検査役について358条7項）。

　商事非訟事件において長年にわたり使用されてきた用語が変更されている点も注目される。商事非訟事件の申立てについて、旧非訟事件手続法第3編は「申請」という用語を使用していた。例えば、同法127条1項は「検査役ノ選任ノ申請ハ書面ヲ以テ之ヲ為スコトヲ要ス」と規定していた。したがって、事件名も検査役選任申請事件といわれていた。これに対して、会社非訟事件について、会社法は「申立て」という用語を使用しており、「申請」を使用していない（会社法869条など）。そこで、事件名も、検査役選任申立事件となる。当然であるが、申請書・申請人（旧非訟事件手続法127条2項）についても、申立書・申立人へと変更されている（会社非訟事件等手続規則2条1項本文参照）。非訟事件手続法33条は「本編ニ於ケル申立トハ申立、申請及ヒ申述ヲ謂フ」と規定しており、狭義の申立と申請が異なる概念であることは間違いない。しかしながら、この用語の変更による影響は実際にはほとんどないといってよかろう。狭義の申立と申請とは、その意義に大差がないと解されてきたからである[22]。

(4) **会社非訟事件等手続規則**

　会社非訟事件の手続については、会社法の規定に加えて、同法876条の委任により最高裁判所規則である会社非訟事件等手続規則が制定され、そこにも多

くの規定が設けられている。同規則は、第1章「総則」、第2章「検査役の選任の手続に関する特則」、第3章「特別清算の手続に関する特則」、第4章「外国会社の清算の手続に関する特則」、第5章「会社の解散命令等の手続に関する特則」、第6章「雑則」により構成されているが、会社法第7編第3章と同様に、特別清算の手続に重点が置かれている。

　従来の商事非訟事件では、その規律は、旧商法および旧非訟事件手続法という法律にすべて規定されていたことから、大きな変更がなされたといえる。会社非訟事件等手続規則に規定された内容は、会社法に規定が設けられている事項とは異なり、手続の細目に関する事項がほとんどである。より詳しくみると、旧非訟事件手続法第3編の規定のうちで会社法に引き継がれなかった事項、近年の民事手続法令の各種の規律や現行実務の取扱い等を参考として、手続の円滑化・適正化を図る観点から必要であると考えられる事項について定めている[23]。

　全ての事件に適用される第1章についてみると、申立て等は、特別の定めがある場合を除き書面でしなければならないとされ（1条）、申立書の記載事項が絶対的記載事項と任意的記載事項に分けて定められ（2条）、申立書の添付書類も定められている（3条）ことで、申立人にとって申立てに際してなすべきことが明確となり、裁判所にとっても審理を進めるのに役立つ内容である。4条から6条は、破産規則、会社更生規則、民事再生規則の規定を参考にして設けられている。

5　検　討

(1)　立法の過程

　会社法制定に向けての法制審議会会社法（現代化関係）部会の審議の過程では、平成15年10月に、「会社法制の現代化に関する要綱試案」および法務省民事局参事官室による「会社法制の現代化に関する要綱試案補足説明」が公表さ

れた。試案に対する各界からの意見を踏まえて、さらに審議が続けられ、平成16年12月「会社法制の現代化に関する要綱案」が作成された。「会社法制の現代化に関する要綱試案」の中で、商事非訟事件の関連では、事後設立の際の検査役の調査制度の廃止（第四部第二5(1)）、清算手続は裁判所の監督に服するものとする規定の削除、清算人の氏名等の裁判所への届出並びに財産目録及び貸借対照表の裁判所への提出の制度の廃止（第四部第八1）など実体規定に関する事項が取り上げられていたにすぎない。「会社法制の現代化に関する要綱案」においても同様である。したがって、手続規定については、最終的な法案作成までに、どのような内容の検討・審議がなされたのか明確ではない。また、各界からの意見の聴取が十分なされたとは言い難い。

(2) 規定の形式面

会社法制定に際して、できるかぎり明確に規律の内容を規定するという方針が採られ、そのための手法の一つとして準用規定を極力用いないこととされた。第7編第3章でもそれが貫かれている。

旧非訟事件手続法第3編のような事件別の規定の配列ではなく、手続の種別ごとに規定を並べて配置したこと、準用が少数に止まっていることは、条文の内容の理解を格段に容易にしたことは言うまでもないが、将来の会社法改正において新たな種類の会社非訟事件が新設された場合でも、条文の複雑化を避けることができ、高く評価されるべきである。

会社法の委任を受けた会社非訟事件等手続規則に細目を規定した点については、規定内容の軽重により法律と最高裁判所規則に規定を振り分けるスタイルが近年の民事手続法、倒産手続法に広く採用されている上、内容面からも従来の実務の運用等を取り入れたもので、迅速かつ適正に手続を進行するために有用なものが多く、加えて、今後の実務における運用から生ずる要請に対して、すみやかに規則改正で対応が可能となる点からも、評価できる。

(3) 申立人による疎明

　会社法869条は、同法の規定による許可の申立てをする場合には、その原因となる事実を疎明しなければならないと規定する（ただし、881条により特別清算に関するものについては適用が除外されている。）。旧非訟事件手続法第3編がすべての許可申立事件について事由の疎明を義務づけていたから、会社法ではまとめて規定したという[24]。

　非訟事件では、職権探知主義が採用されているから（非訟事件手続法11条）、証拠の収集は裁判所が行い、申立人は主観的証明責任を負わないのが原則であるが、会社法869条は許可事件の申立人に疎明を要求している。申立人がなんら立証活動を行わず、証拠・資料の収集を裁判所に全面的に委ねるのでは、裁判所にとって負担が重すぎる。また、事情をよく知らない裁判所に委ねただけでは、証拠・資料の収集が不十分なものとなり、事実が認定されず、許可を得られない可能性がある。これは申立人にとっても好ましくない。したがって、許可を求めている申立人に疎明を要求することで、裁判所は自ら証拠の収集をするよりも事実認定のための証拠・資料を効率的に収集できる。

　そこで、例えば、監査役設置会社または委員会設置会社の株主が裁判所に対して取締役会議事録の閲覧許可の申立てをする場合（会社法371条3項）には、その権利を行使するため必要があることを疎明しなければならない。疎明は申立ての要件であるから、疎明がなければ、申立ては不適法として却下されることに異論はない。

　それでは、疎明があれば証明はなくとも裁判所は許可の決定をなしうるのだろうか、あるいは、疎明はなされても、裁判所がさらに事実の調査などを行い、その事実の存在について裁判官が確信を抱く証明の水準に到達しなければ、申立ては却下されるのであろうか。もしも、後者であるとすれば、申立人は、許可を得るためには、疎明しただけでは十分でなく、証明することが事実上必要となってくる。「疎明しなければならない」との文言を含む民事保全法13条2項については、被保全権利および保全の必要性の立証は、証明ではなく

疎明で足りることも意味していると解されている。同様に考えれば、会社法869条についても、証明ではなく疎明で足りることになる。しかし、この点に関しては、会社法制定前において、明確であったとは言い難い。

　旧非訟事件手続法132条ノ8による取締役会議事録の閲覧許可申請事件についてみてみよう。同条1項は、許可を申請する場合においてはその事由を疎明することを要するとしていた。この規定に関して、非訟事件においても事実の認定は特別の規定がない限り証明が必要であるが、同条1項はその特別規定であると述べる見解が存在したが、この見解は、申請人が疎明をすることができれば、証明がなくとも裁判所は許可裁判をなし得ると解しているようである[25]。

　しかし、許可の裁判を得るためには、疎明だけでは不十分であり、証明をする必要があるとの説も主張されていた。株主または会社債権者による取締役会議事録の閲覧・謄写に裁判所の許可を必要とする制度は、昭和56年商法改正に際して当時の商法260条ノ4に5項および6項を新設することにより導入された。当時の立法担当者は、申立てをする株主または債権者は、株主の権利行使に必要なことまたは取締役・監査役の責任追及のため必要なことを疎明をしなければならないが、許可の裁判を得るためには、疎明だけでなく、株主・債権者において、その閲覧・謄写が必要であるとの確信を裁判官に得させる証明が必要であると解説していた[26]。

　会社法の立案担当者の説明のように、会社法869条が旧非訟事件手続法の各許可申請事件ごとの疎明の規定をまとめたにすぎないものであるならば、その解釈についても、従来と特段の変更はないこととなる。さらに、許可申立事件ではないが、会社法888条1項は、債権者または株主が特別清算開始の申立てをするときは、特別清算開始の原因となる事由を疎明しなければならないと規定する。これについて、疎明がなければ申立ては不適法とされるが、疎明があっても証明がないときは特別清算は開始されないとの説明がなされていること[27]が注目される。ただし、この規定に関しては、特別清算開始の申立人が

清算人または監査役の場合には疎明義務が規定されていないこととの関連に注意が必要である。特別清算開始決定には、申立人が清算人または監査役のときは証明が必要であるが、債権者または株主であれば疎明で足りるということは、平仄を欠くからである。しかし、会社法第7編第3章において、「疎明しなければならない」との規定が、直ちに裁判所の事実認定が証明ではなく疎明で足りるという解釈に結び付くものではない事例ではある。したがって、869条については、裁判所が許可の裁判をするには、申立人による疎明だけで足りるのか、あるいは証明がなされることまでが必要なのか、依然として問題が残されている。

(4) 陳述聴取

旧非訟事件手続法は、各種の商事非訟事件において、裁判所が利害関係人等から陳述を聴取すべきことを規定していた。同法129条ノ2は、業務検査役選任事件においては、取締役及び監査役（委員会等設置会社においては執行役及び監査委員）の陳述聴取を要求していた。ところが、変態設立事項についての検査役選任事件、新株発行の際の現物出資についての検査役選任事件、株主総会検査役選任事件については、陳述聴取を要求する規定は存在しなかった。検査役選任事件でありながら、このように差異を設ける合理的理由があるのであろうか。変態設立事項についての検査役選任事件などのように申請人と会社との利害が対立しないケースと異なり、業務検査役選任事件では、申請人と会社との利害が対立する状況にある。しかし、そういう意味からすると、株主総会についての検査役選任事件も同様であり、かならずしも一貫したものとは言い難い。この点は、前述のとおり問題点とされてきた。

会社法は、870条において、陳述聴取が必要な場合及び陳述聴取の対象者を個別具体的に定めている。陳述聴取が必要とされるのは、申立人以外に特定の利害関係人が存在する事件であって、裁判前に陳述聴取をすることにより裁判の目的達成に支障がないものであり、他方、陳述聴取が必要ではないとされ

のは、①密行性が要請される事件、②特定の者から陳述を聴取することが困難な事件、③裁判所に広い裁量が認められている事件である[28]。

会社法には、旧非訟事件手続法129条ノ2に相当する規定は存在せず、検査役選任申立ては、業務検査役選任の場合も含め、陳述聴取不要で統一された。これは③に該当し、裁判所が人選について広い裁量権を有し、その人選によって関係者の利益を害するおそれはほとんどないことによる[29]。また、職務代行者の選任について、従来は取締役および監査役の陳述聴取が必要であったが（旧非訟事件手続法132条ノ4第1項）、検査役の選任と同様に陳述聴取不要とされた。

陳述聴取が必要な場合における陳述聴取の対象者についても、整理がなされている。従来は、申請人を対象者とする場合があったが（旧非訟事件手続法132条ノ8第2項）、会社法では申立人は陳述聴取の対象者に含まれていない。さらに、会社側から陳述聴取するため、取締役（委員会等設置会社では執行役）（旧非訟事件手続法132条ノ8第2項）を対象者としていた場合については、当該株式会社が対象者とされている（会社法870条1号）。

もちろん、陳述聴取が必要とされていなくとも、裁判所が裁量により陳述聴取することは認められる。会社法制定前も、陳述聴取を要求する規定がない株主総会検査役選任事件について、東京地方裁判所の実務は代表取締役等会社側の審尋を行っていたという[30]。

陳述聴取が必要な事件は、即時抗告ができるとされている（会社法872条4号）。陳述聴取は、申立人以外の者であって、不服申立権を有するもの（相手方等）の手続保障を確保するためのものであるといわれる[31]。また、870条2号に掲げる裁判を除き、不服申立てが可能な裁判については理由を付さなければならない（会社法871条）。

したがって、裁判がなされることにより不利益を被る可能性がある者への手続保障としては、裁判所が裁判をする前に陳述聴取を要する場合を明示して、陳述聴取の対象者に、主張・証拠提出の機会を与え、裁判について不服なとき

は、即時抗告により争う機会を与え、なおかつ、抗告審裁判所が原裁判の当否について審理をなしうることおよび抗告人も原裁判に対して十分に反論できることを可能とするため裁判に理由を付記させる、という構造が採用されていることになる。

(5) 不服申立て

旧非訟事件手続法の下では、不服申立てについても問題点が存在していた。不服申立てを認める規定が設けられているが、抗告権者について何ら規定されていないため、抗告権者が不明確な場合があった。例えば、職務代行者の常務外行為許可申請事件において、申請を認許する裁判に対しては即時抗告が可能とされていたが、即時抗告をなしうる者については規定していなかった（旧非訟事件手続法132条ノ5第2項）。そこで、即時抗告権者は裁判により権利を害された者（非訟事件手続法20条1項）となるが、誰がこれに該当するか明確ではなく、解釈も分かれていた[32]。例えば、会社が即時抗告権者となりうるかについて議論があり、判例としては、宗教法人の事件ではあるが、「非訟事件の裁判に対して即時抗告をすることができるのは右裁判により権利を害されたとする者に限られると解されるところ（非訟事件手続法20条1項）、職務代行者の常務外行為の許可の裁判によって権利を害されるおそれがあるのは当該法人にほかならないというべき」と判示する東京高決平成4年9月7日判例タイムズ811号186頁が存在したが、学説においては、肯定説と否定説の対立があった[33]。

また、検査役選任事件の裁判に対する不服申立ての方法についてみると、業務検査役選任事件では即時抗告によるが（旧非訟事件手続法129条ノ4）、その他の場合は通常抗告とされていた（非訟事件手続法20条1項）。これも陳述聴取の場合と同様に、検査役選任という同種の事件の間で取扱が統一していなかった。

会社法では、872条において、即時抗告が可能な裁判および即時抗告権者を

明文規定で定め、その他の裁判について、874条が不服申立てが制限される場合を規定している。これにより、不服申立ての可否および方法について大幅な整理がなされ、従来の疑義が払拭されることになった。具体的に規律内容をみると、872条では、即時抗告をなしうるのは、1号から3号の裁判を除き、陳述聴取が要求されている裁判とした（4号）。一方、874条の不服申立制限は、却下の裁判を含む全面的な制限の場合（2号・3号）と、選任又は選定の裁判（1号）あるいは許可の申立てを認容する裁判（4号）に対しての制限（却下の裁判に対しては非訟事件手続法20条により通常抗告可能）がある。ただし、4号括弧書により、書面の閲覧等の許可の裁判については株式会社、社債管理者等の報酬等を社債発行会社の負担とする許可については社債発行会社が、具体的な不利益を受ける場合があるため、認容する裁判に対して特に不服申立てが認められている。これらは、陳述聴取が要求されている裁判であり、即時抗告が認められている（872条4号）。

　上述の商事非訟事件当時の問題点はどうなったであろうか。まず、職務代行者の常務外行為許可申立事件では、許可の裁判には不服申立てが禁止されたため、即時抗告権者の範囲の問題は解消した。次に、検査役選任事件の裁判に対する不服申立であるが、業務検査役選任事件は陳述聴取が要求されないこととなり、即時抗告はできなくなった。したがって、検査役選任事件の裁判に対する不服申立は、すべての場合において、選任の裁判に対しては不服申立てが制限され、申立てを却下する裁判に対しては通常抗告によることに統一された。

(6) 事件記録の閲覧・謄写

　会社法制定前、商事非訟事件の記録の閲覧・謄写の可否につき、議論が存在した。旧非訟事件手続法には、135条ノ3第2項が、会社解散命令事件において、利害関係人は、裁判所が選任した管理人の報告及び計算に関する書類の閲覧を申請し又は手数料を納付してその謄本の交付を請求することができるとし、3項が、法務大臣は、第2項の書類を閲覧することができると規定してい

たが、同法の総則には、記録の閲覧等を認める規定はなかった。そこで、特別の規定が存在する場合を除き、記録の閲覧等は認められないとする解釈が一般的であった。しかし、この解釈を批判し、総則に規定がない理由は記録閲覧等に関する規定を欠いていたドイツ非訟事件手続法の草案に依拠したことによると指摘した上、民事訴訟法の調書に関する所謂当事者公開の原則が理論上準用されるべきことを強調し、旧民事訴訟法151条2項以下に準ずるべきであり、また、家事審判規則12条等の特別非訟事件の規定を解釈上十分参酌すべきであるとの説が主張された[34]。

近年では、記録の閲覧等を一切認めない解釈は妥当でないとした上で、事件の種類、内容等に応じてきめ細かく考えようとする見解が増えている。非訟事件が手続を非公開としていることから当然に記録の公開も禁じられるとは解せられず、非訟事件には種々の趣旨・目的・性質のものが混在しているところ、一般的にすべてのものが記録の閲覧・謄写も許されないほど秘密性の強いものとは考えられないから、当事者および利害関係を疎明した者に閲覧・謄写を許す考え方を原則として、各事件類型ごとに検討すべきであるとの見解がある[35]。さらに、当事者等に記録の閲覧請求権は認められないとした上で、裁判所が裁量的に当事者等に閲覧等を許可することができるとの説もある。この説は、非訟事件手続法が記録の閲覧等に関して全く規定を置かなかった理由は、わが国が立法過程で参照した母法たるドイツ非訟事件手続法の法案には閲覧に関する規定がなく、国会の修正で閲覧に関する同法34条が設けられたという、もっぱらその規定の沿革によるものであること、当事者のプライバシーが極めて重視されるべき家事審判においてすら、裁判所が裁量的に事件の記録の閲覧等の許可や抄本等の交付を認めることができること（家事審判規則12条）との対比からみて、企業の営業秘密に対する配慮を考慮したとしても、裁判所が裁量的に閲覧を認めることをふくめ一律に記録の閲覧等を禁止しなければならない実質的な理由がないこと、を根拠として、非訟事件手続法が裁判所による記録の閲覧等の許可を明文で禁止していない以上、裁判所は、相当と認める

場合には、当事者及び利害関係人に対して、事件の記録の閲覧若しくは謄写を許可し、あるいは裁判所書記官に事件の記録の正本、謄本若しくは抄本の交付又は事件に関する事項の証明書を交付させることができると主張する[36]。

　会社法は、旧非訟事件手続法135条ノ3第2項、3項に相当する906条1項、2項、4項を置き、また、新たに特別清算事件の記録の閲覧等についての886条と887条を新設した。しかし、その他の会社非訟事件についての記録閲覧の規定はなく、沈黙している。特別清算事件の記録の閲覧等についてのみ規定を新設したことは、それ以外の事件については閲覧を認めない方針を採ったとの解釈も成り立ち得る。しかし、それは妥当ではあるまい。最近では、非訟事件全般について、手続保障の充実を目指す考え方が一般的である。そして、非訟事件手続法の他に、会社法第7編第3章に手続規定を設ける理由の一つとして、申立人と実質的に利害が対立している者の手続保障を確保する必要があることが挙げられている[37]。記録の閲覧についても、非訟事件手続法のほか家事審判法等を含む実質的意義の非訟事件手続法には、記録閲覧権など各種の手続権ごとに見直すべき箇所があるといわれている[38]。多くの学説が説くように、家事審判においても裁判所が相当な場合には記録の閲覧を許可できるとされていることに鑑みれば、会社非訟事件において、特別の規定がなければ閲覧が認められないと解することは当事者等の利益を著しく損なう場合も生じる。例えば、会社法により即時抗告権者と認められている者が、抗告審において争うには、原審の事件の記録の閲覧が必要となることが多いであろう。

　結局、一般の会社非訟事件については、会社法制定前と同様、解釈に委ねられた状態のままであると解するのが妥当である。そして、非訟事件は非公開であり、一般的な閲覧権を認める規定がない以上、記録の閲覧権を認めることはできない。しかし、当事者等の手続保障の一環として、記録の閲覧を認めることが相当な場合もあろう。そもそも、非訟事件には、程度の差はあるものの裁判所が後見的立場から処理するという性質がある上、会社非訟事件は、事件の開始についてみても申立事件のほかに職権事件があるように、内容も事件の種

類ごとに多様であることに鑑みれば、裁判所に裁量権を持たせて、裁判所が相当と認める場合には閲覧等を許可することができるとの説が妥当であろう。いずれにせよ、記録の閲覧等については、解釈上の疑義を払拭するために、明文の規定を設けることが望まれる。

6 おわりに

　長年にわたり、全体にわたる見直し、改善がなされぬままであった会社に関する非訟事件の手続規定が、実務の運用も踏まえて、改善、整理されて会社法に設けられたことは、大きな意義があり、規定の内容も概ね妥当なものといえる。規定内容の理解が容易となったことは勿論であるが、従来の実務を十分に考慮した規定が多いことから、迅速かつ適正な手続の進行に寄与するであろう。しかし、上述のとおり会社法の規定には解釈上の疑問点など課題も残されている。

　また、会社法第7編第3章の規定は、その後制定された法律における非訟事件手続規定のモデルとなっている。特に、一般社団法人及び一般財団法人に関する法律（平成18年法律第48号）は、第6章「雑則」の第3節に非訟事件の手続規定を置き、総則と特則に区分しており、総則中の規定の配列が会社法とほぼ同一である。信託法（平成18年法律第108号）にも、会社法と類似した内容の規定が存在する。そこで、会社法における非訟事件手続規定の解釈は、これらの法律中の規定の解釈にも直結するため、一層の重要性を有することとなる。会社非訟事件の手続規定に関する更なる研究が必要であろう。

注
1) 西山（1969）153頁、伊東＝三井編（1995）461頁〔三井哲夫〕。
2) 西山（1969）153頁。
3) 現行の非訟事件手続法（明治31年法律第14号）の制定および商事非訟事件を中心とする昭和35年頃までの同法の改正の概要については、伊東＝三井編（1995）104

頁 - 117頁〔栗田陸雄〕、竹沢（1961） 6頁 - 10頁参照。
4）佐々木＝森＝原（2005） 34頁。
5）永井（2005） 30頁。
6）西山（1969） 154頁、155頁注(2)参照。
7）東京地裁商事研究会（1991） 419頁。これによると、昭和62年度では、755件中342件と45.3％を占めていたとのことである。なお、昭和42年度においては、西山（1969） 154頁によると、東京地方裁判所における商事非訟事件の受理件数445件中275件であった。
8）鈴木忠一（1971） 114頁。また、東京地裁商事研究会（1991） 22頁、631頁も参照。
9）伊東＝三井編（1995） 194頁〔栂善夫〕参照。
10）伊東＝三井編（1995） 561頁〔中川登〕。
11）花村（2006） 32頁。
12）西山（1969） 177頁。
13）相澤＝葉玉＝湯川（2006） 7頁。
14）花村＝大寄（2006） 79頁 - 87頁参照。
15）相澤＝葉玉＝湯川（2006） 7頁。
16）花村（2006） 42頁以下の「非訟事件手続法と会社法等の条文対比」参照。
17）萩本（2005） 29頁。
18）相澤＝葉玉＝郡谷編著（2006） 752頁 - 756頁参照。
19）花村（2006） 31頁。
20）相澤＝葉玉＝湯川（2006） 11頁。
21）東京地裁商事研究会（1991） 228頁、514頁。
22）伊東＝三井編（1995） 303頁〔三井哲夫〕。また、入江＝水田＝関口（1963） 101頁は、「申請と狭義の申立の間には内容上の差異はない」と述べている。
23）花村（2006） 31頁 - 32頁。
24）相澤＝葉玉＝湯川（2006） 7頁。しかし、旧非訟事件手続法132条ノ5が規定する常務外行為許可申請事件については、疎明を求めていなかった。
25）伊東＝三井編（1995） 514頁 - 515頁〔三井哲夫〕。中山（2001） 333頁も同旨か。
26）元木（1981） 122頁 - 123頁。
27）萩本編（2006） 66頁。
28）相澤＝葉玉＝湯川（2006） 8頁。
29）相澤＝葉玉＝湯川（2006） 8頁。
30）東京地裁商事研究会（1991） 220頁。
31）花村＝大寄（2006） 89頁。
32）西山（1969） 173頁、伊東＝三井編（1995） 503頁 - 504頁〔三井哲夫〕参照。
33）学説の状況については、東京高決平成4年9月7日に対するコメント（判例タイムズ811号187頁）参照。
34）鈴木忠一（1971） 320頁 - 321頁。

35) 垣内（1992）261頁。
36) 小林（2001）341頁。
37) 相澤＝葉玉＝郡谷編著（2006）752頁。
38) 髙田（2006）234頁。

【参考文献】
相澤哲編著（2005）『一問一答　新・会社法』商事法務。
相澤哲＝葉玉匡美＝湯川毅（2006）「雑則〔下〕」『商事法務』1755号。
相澤哲＝葉玉匡美＝郡谷大輔編著（2006）『論点解説　新・会社法』商事法務。
伊東乾＝三井哲夫編（1995）『注解非訟事件手続法〔改訂〕』青林書院。
入江一郎＝水田耕一＝関口保太郎（1963）『条解非訟事件手続法』帝国判例法規出版社。
大寄麻代（2006）「『会社非訟事件等手続規則』および新会社法等の施行に伴う関係規則の改正の概要」『金融法務事情』1764号。
垣内正（1992）「総会検査役選任申請」山口和男編『裁判実務大系第21巻　会社訴訟・会社非訟・会社整理・特別清算』青林書院。
小林久起（2001）「非訟事件の記録の閲覧申請」門口正人編『新・裁判実務大系第11巻　会社訴訟・商事仮処分・商事非訟』青林書院。
佐々木宗啓＝森君枝＝原ひとみ（2005）「東京地裁における商事事件の概況」『商事法務』1722号。
鈴木昭洋（2006）「会社非訟事件等手続規則の概要」『NBL』829号。
鈴木忠一（1966）『非訟事件の裁判の既判力』弘文堂。
鈴木忠一（1971）『非訟・家事事件の研究』有斐閣。
鈴木忠一（1981）「非訟事件に於ける手続の終了と受継」鈴木忠一＝三ケ月章監修『新・実務民事訴訟法講座8』日本評論社。
鈴木正裕（1979）「訴訟と非訟」小山昇ほか編『演習民事訴訟法（上）』青林書院新社。
田頭章一（2006）「会社非訟事件手続の見直し」小林秀之編著『新会社法と会社訴訟の実務』新日本法規出版。
髙田昌宏（2006）「非訟手続の改革」『ジュリスト』1317号。
竹沢喜代治（1961）『商事非訟事件手続法』大同書院出版。
東京地裁商事研究会（1991）『商事非訟・保全事件の実務』判例時報社。
東京地方裁判所商事研究会編（2001）『〔新・書式全書〕非訟事件手続』酒井書店。
永井裕之（2005）「大阪地裁における商事事件の概況」『商事法務』1723号。
中山誠一（2001）「取締役会の議事録の閲覧申請」門口正人編『新・裁判実務大系第11巻　会社訴訟・商事仮処分・商事非訟』青林書院。
西山俊彦（1969）「商事非訟事件の概要」鈴木忠一＝三ケ月章監修『実務民事訴訟法講座7』日本評論社。
萩本修（2005）「特別清算」『商事法務』1748号。

萩本修編（2006）『逐条解説　新しい特別清算』商事法務。
花村良一（2006）「会社非訟事件等手続規則の解説」『判例タイムズ』1200号。
花村良一＝大寄麻代（2006）「会社非訟事件等手続規則及びその対象事件」『ジュリスト』1310号。
藤田友敬（2007）「新会社法における株式買取請求権制度の改正」証券取引法研究会編『証券・会社法制の潮流』日本証券経済研究所。
元木伸（1981）『改正商法逐条解説』商事法務研究会。
森綜合法律事務所＝弁護士法人淀屋橋合同編（2002）『書式　商事非訟の実務〔全訂増補版〕』民事法研究会。
山口和男編（2001）『〔新版〕会社訴訟非訟の実務』新日本法規出版。

第7章　第2回総選挙における三重県第6区(伊賀地方)の情勢
―日本初期選挙史の研究(5)―

　　　　　　　　　　　　　　　　　　　　　　　　上　野　利　三

1　はじめに

　第1回衆議院議員選挙（総選挙）で民党は吏党に比べて圧倒的多数を獲得したことにより、その後に開かれた帝国議会において政府は思うような政策が実行できなかった。そのために明治24年11月26日に開院された第2回帝国議会（当時は第2期と呼称）は、わずか1カ月のちの12月25日に衆議院が早々と解散され、同時に貴族院も停会となり、第2回総選挙の幕が切って落とされたのである。この総選挙では内務大臣品川弥次郎の露骨な選挙干渉がおこなわれ、民党は当初より苦戦を強いられることとなった。全国各地の選挙区では死傷者が続発した[1]。このため政府は各府県知事に暴徒取り締まりを厳重にし捕縛等を迅速に行うように手配した[2]。

　はたして三重県選挙区では、第2回総選挙はどのように執り行われたのであろうか。

　本稿で対象とする三重県第6選挙区（伊賀地方）においては吏党からの候補者の名乗りはなく、立憲改進党と自由党系（以下便宜上自由党という）のいわば民党からの候補者同士の対抗戦となった。しかし選挙戦の途中で、自由党の候補者福地次郎は吏党候補ではないかとの評が新聞に掲載され、ために福地は苦境に陥った。この点にも中央における吏党対民党の構図が、余波として、同選挙区の選挙戦に微妙な影を落としていることを見逃すことができない。

ところで前回の総選挙のときは立憲改進党の立入奇一は1250票を獲得し1位当選を果たしたが、次点の自由党員・福地次郎も1166票を獲得し、両者の差はわずかであった[3]。今回の総選挙も前回のときと同じく立入と福地が候補者として名乗りをあげ、前回以上の白熱した選挙戦が繰り広げられることになる。

本稿では、前稿に引き続き三重県第6選挙区[4]の選挙直前の情勢について調べたいと思う。なお、調査に当たっては前と同様に『伊勢新聞』（本文では新聞と記す）を主要な資料としたい。それはこの当時の資料状況としては一定の限界があることによるのと、より資料価値の高い資料の収集にさほどの時間が割けなかったことによる。

なおまた『伊勢新聞』は1月が発行停止となっていたため、この間の選挙情勢は不明である。従って本稿では選挙戦の序盤・中盤・終盤の語を、本来は終盤に当たる選挙直前の2月以降に限って用いることとした。この点を諒とされたい。

注
（1）この選挙干渉事件に関しては地方の個別事例研究が数多あるが、中央からの考察としては主たるものに高橋雄豺『明治警察史研究』第3巻（1963年・209頁以下）、佐々木隆「干渉選挙考察―第二回総選挙と九鬼隆一」『日本歴史』第395号・1981年、同『藩閥政府と立憲政治』（1992年・215頁以下）、坂野潤治『大系日本の歴史・近代日本の出発』（1993年・221頁以下）、有馬学「松方内閣の選挙干渉とは何か？」『日本歴史』第600号・1998年、前田英昭「日本の選挙干渉記　明治・大正期」『選挙法・資料』2002年、等がある。なお、『伊勢新聞』においても、高知、金沢、熊本、飯田（2月7日付）、高松、鹿児島（同8日付）などにおける激しい選挙干渉の事実を連日報道した。
（2）『伊勢新聞』2月7日付。
（3）拙論「第1回総選挙における三重県第6選挙区の情勢」『地域政治社会形成史の諸問題』和泉書院・2002年・110頁以下、を参照されたい。
（4）ちなみに第6区の有権者数を町村別に明らかにしておきたい。2月9日付『伊勢新聞』紙上において公表された第6区町村の選挙人員を郡別に示すと以下の通りである。なお新聞記事には箕曲村を箕田村、依那具村を依那古村とするなどの誤植ないしは誤記が見られるので訂正した。村毎の選挙人数にも誤りがあるかもしれないが、しばらく記事に準じて掲載する。なお括弧内は前回総選挙時点での有権者数

である（広新二『日本政治史に残る三重県選出国会議員』昭和60年・22頁以下）。

阿拝郡・合計1330人（1318人）
上野村92人（89人）　小田村82人（81人）　花ノ木村56人（51人）
長田村57人（56人）　島ヶ原村66人（65人）　丸柱村26人（25人）
新居村58人（57人）　府中村123人（121人）　三田村36人（36人）
中瀬村81人（82人）　河合村107人（113人）　玉滝村85人（85人）
鞆田村124人（121人）　東柘植村101人（104人）　西柘植村131人（133人）
壬生野村105人（99人）

山田郡・合計355人（355人）
山田村190人（191人）　布引村17人（17人）　阿波村60人（59人）
友生村88人（88人）

名張郡・合計290人（302人）
名張町36人（44人）　蔵持村33人（33人）　薦原村22人（19人）
瀧川村31人（32人）　錦生村47人（49人）　箕曲村46人（46人）
比奈知村43人（43人）　国津村32人（35人）

伊賀郡・合計696人（683人）
古山村46人（44人）　美濃波多村76人（76人）　神戸村98人（92人）
猪田村111人（109人）　比自岐村39人（39人）　依那具村104人（105人）
阿保村46人（45人）　上津村36人（36人）　花垣村88人（85人）
種生村33人（32人）　矢持村19人（20人）

　　　　　　　　　　　　　　　　　　　総計2671人（2658人）

2　二人の候補者―立入奇一と福地次郎―

　第1回総選挙の当選者立入奇一の略歴については前掲した拙論に記したが、あらためて立入・福地両候補について簡略に述べておきたい。
　立入は、元伊賀上野藤堂藩士の身分にあった。弘化元（1844）年4月に上野城下で生まれた。はじめ上西庄五郎といい[1]、のちに立入奇一と称した。号は痴堂、その後快堂と改めた。少年期に江戸、京都で学業を修めた。絵事を好み写生に秀でたので藩主はその技を愛でてかれを膝元においた。元治元（1864）年に父の宗牧が没したため家督を継いだ。藩が廃されてのち三重県庁に出仕した。ときに政府はしきりに上書建白を諸人に求めたので、奇一は奮然として時弊を論じ政府あるいは県庁に意見を呈した。その数は100件を越えた。明治9

(1876) 年地租改正の件で政府に意見を通さんとして県庁を辞職し、上京して議論数十編を草し、これを元老院に上程したが容れられるところとはならなかった。そのときの憤然とした思いを詩につづったことは前稿に記した[2]。明治13年三重県会が開かれると、推されて県会議員となり、県治に尽力した[3]。また改進党に所属して活躍し三重協同会を組織した[4]。『三重県沿革集覧』を著し、また『勢海の燈』という雑誌を編集した。なお、子息の立入春太郎は東京帝国大学法科を卒業して判官となり令名があったが、大正6年46歳で没している[5]。

　立入はこの選挙の時点で49歳であり、決して若くはなかったが、政治に関しては純朴な熱血漢の素地を有していた。とくに三重県庁の官吏の職をなげうってまで数々の建白書を政府に上程し、ついには挫折を味わいながらも政治に対する情熱を失わなかった精神力は誠に見事であり、選挙民たちはそのひたむきさにこの人物の魅力を感じたに違いない[6]。

　いっぽう福地は、伊賀の東柘植において天保11（1840）年3月13日に生まれた。選挙時点はすでに52歳、実に老年の域に達していた。代々家は地士の家柄であり長く里正を務めた。おそらくその家柄は、織田信長による天正伊賀の乱のときの焼き打ちに抵抗した地士の階層であったのではないかと想察される。生まれついての藤堂藩士である立入とは、まずこの点において対照的であるといえる。福地は長じてもっぱら武術を講じた。津藩の儒者猪飼敬所に就いて経史を学び、壮年、津藩撤除組に編入された。文久3（1863）年9月、吉村寅太郎、安積五郎らが大和十津川に兵を挙げるや、津藩は幕府の命を受けてこの追討の軍を出したが、膠着すること数月、藩士町井治水が隊中に死士30名を募ったときに福地は率先してこれに加わったという。30名は十津川に進軍して功を奏した。元治元年5月里正の家職を継ぎ数カ村統治の任に当たった。廃藩後、明治6年三重県属、ついで郡吏となる。県会開設とともに県会議員に選ばれ、およそ10年その職にあった[7]。具体的にいえば、明治12年3月県会総選挙で当選し、明治14年1月、同15年3月、同18年10月、同20年10月、同23年3月のそ

れぞれ半数改選時にも当選した。また明治32年10月の県会総選挙時にも当選を果たした。さらに明治28年と明治34年の両年3月22日の東柘植村村会議員（任期6年）にもなっている。福地はこうした地元とのつながりにおいて基盤を固めて第1回・第2回の衆議院議員選挙に自由党から打って出ていずれも敗れたが、その意志を継いだ息子の銭吉が大正9年5月10日の第14回臨時総選挙で国民党から出馬し初当選を果たしている。しかし銭吉は任期途中の大正10年4月4日に死去した[8]。途中、県会議長にも選ばれている[9]。

　このように立入と福地はともに県庁の官吏から県会議員を歴任して国政選挙に打って出るといった経歴をもつ伊賀政界の大物であり[10]、たがいに旧知の間柄で、相互に実力の程を熟知していたと考えられる。

注
（1）彼を「御殿絵師上西庄五郎の裔」という資料もある（『先賢遺芳展目録　上野市制実施十五周年記念』昭和31年・13頁）。
（2）前掲『地域政治社会形成史の諸問題』120頁以下。
（3）浅野儀史『続三重先賢伝』昭和8年・171頁以下。
（4）杉森薫・今井孔『伊賀の人々』昭和38年・236頁。
（5）浅野・前掲『続三重先賢伝』。
（6）立入はこの選挙のあと当選を果たすが、明治28（1895）年2月に52歳で死去する。
（7）浅野・前掲『続三重先賢伝』236頁以下。
（8）『伊賀町史』昭和54年・501頁以下。
（9）杉森ほか・前掲『伊賀の人々』250頁。
（10）中貞夫『名張市史』昭和49年・602頁。

3　第6選挙区における序盤戦―候補者の地盤固め―

　第1回総選挙では、立入奇一には対立候補がほとんどおらず、ひとり悠然と選挙活動を行っていたが、投票日の約1週間前に突然ともいえる福地次郎の猛追を受けて、かれは意外な接戦に追い込まれるにいたり、ようやく当選すると

いう有り様であった。今回の選挙はいわばこれを継承する形で、両者真っ向からの対戦の様相が、議会解散が明らかとなった直後から歴然としていた。

3.1 両派の後援会組織

立入は同友会という後援会を背景に活動し、福地は伊賀倶楽部という後援会を支持母体にして選挙活動に入った。選挙戦を有利に進めるために両候補者がなすべき第1の点は、この後援会組織を固めるということであった。

立入の後援会組織である同友会事務所は上野町にあり、そのものが選挙事務所となっていたが、手狭で不便なため、2月2日に同町大字赤坂町の酔月楼別業に移転した[1]。また手狭という以外にも警備上の問題が移転の理由でもあった。新聞によると「取締を厳重にし、来訪者には姓名要件を問い、しかる後集会堂に案内することになしたり」とある[2]。

また福地の運動本部である伊賀倶楽部も、警戒を厳重にするという点では立入派と同様であり、玄関の標碑に「部員のほか入るを許さず」と大書し、出入りの取締を厳重にした。

両派とも「軍議の機密」[3]の漏えいを恐れていたからであろう。両派は昼夜となく「軍議」を講じ、また中立の選挙民の説得、引き込みなどを試み、またある時は「敵陣」に侵入をはかり、遊説者の復命と戦況の報告などが頻繁に行き交ったという[4]。

3.2 立入派における有力者の取り込み

選挙戦を有利に進める方策の第2は、地方の有力者を味方陣営に取り込むことであった。立入派の有力者の取り込みを見てみよう。

中井寅次郎という人物は、自由主義を重んじる立場を保持していたが、第1回総選挙では立入を支援した。今回も同様にして立入を応援することが確認された[5]。しかし選挙終盤に入って中井は、上野町にやって来ても人の目を避けるようにしており、しかも立入派の有志者には会わずにおり、却って福地派の

有志と会い飲食・密話しているという情報があるため、福地と結託したのではないかとされた。しかし事の真偽はいずれ確報を得たいと新聞記事は述べている[6]。

また三重郡選出の県会議員である辻寛に対して同友会本部は2月6日、電報での来訪を促し、これにより同氏は7日午後1時ごろに上野町赤坂の同友会本部にやって来た。立入との密談の後、3時頃同氏は直ちに名張町に赴いた。新聞はこれを立入のための応援遊説のためか、と報じている[7]。ところが、2月10日付の新聞は辻が名張町に赴いたのは立入の応援のためではなく、伊賀同友会による遊説依頼の紹介に過ぎないのであって、辻はその後名張郡内各村に出張して衆議院議員選挙に関する談話をしている、と報じた。しかしこれは辻による立入の選挙運動応援ではないといういわゆるポーズであって、実質は応援演説そのものであったと見てよい。立入も福地も、辻と同じ三重県会議員であるから、他選挙区の辻が立入の応援にのみわざわざ区外の遠方からやって来たことを表だってあからさまにはしたくないという配慮が、立入陣営に働いたのではなかろうか。選挙終盤に入った2月12日付新聞には、「辻寛氏は名張倶楽部の応援として各処に遊説し一昨夜帰津したるも、昨朝又々再度の電報に接して伊山に入り名張町の政談演説会に臨席のはず」とあり、一転して今度は、辻が立入応援のため伊賀にやって来たことを堂々と伝えている。名張における福地派との競争がそれほどまでに緊要事であり、辻の応援が必要とされていたことを物語っている。

3.3 福地派における有力者の取り込み

第1回総選挙で当選者立入奇一と接戦を演じて政治力のあるところをみせた福地次郎は前回での立候補表明があまりにも遅きに失した戦略の誤りを是正して、今回は早くから立候補表明を選挙区全域に伝え、選挙活動を開始した。

福地の戦略は、まず地域の有力者を取り込み、彼らを通じて、選挙権を有する中立的立場の選挙民を味方陣営に組み込み、増やしていくことにあった。

地域の有力者のなかでも、第1回総選挙で相手方の立入に与していた有力者を取り込むことは、相手方の選挙民の票数を減らし、同時にそれらを味方に引き入れる効果があり、戦法としては少なからず有効であった。

福地は、かつて立入陣営の有力なバックアップをしていた阿波直三郎が、地価修正問題で立入とたもとを分かったのを機会に、この人物に急速に接近した。阿波は福地の後援会である伊賀倶楽部とともに福地のために奔走するようになる[8]。

また、福地は選挙地盤の手薄な名張地方の有力者である深山聳崟（当時33歳）とも結び付きを強める作戦に出た[9]。深山は元々候補者として名乗りを上げる腹づもりであったと思われ、2月6日付新聞には「本県常置委員深山聳崟氏は過般来帰郷して候補運動をしつつありしが、…昨日より常置委員会を開らきたるに依り同日来津して同会へ出席せり」と記されている。深山が立候補を自発的に断念して福地の応援に回ったのはこの後間もなくのことではなかったかと思われる。

3.4 立入派の演説会の開催

選挙序盤戦における新聞紙上に見える立入派による演説会の模様は、以下に示すとおりである。

① 2月3日阿拝郡河合村金台寺において、同村有志の主催で100名ほどを集めて立入の慰労会と称して演説会が開催された。まず村長の宮田庄輔が開催の趣旨を述べたあと、立入が演説に立ち、「第二期帝国議会の実況より衆議院解散の理由、並びに地価修正に関する事柄」を述べた。酒宴に移り宮田と立入の演説があり、8時をもって終了した[10]。

② 2月4日は同村中瀬村大字西明寺仲安寺において、やはり同村有志主催で大約100名を集めて演説会が開かれた。村長の海津貞助が開会の主意を弁じ、次に立入が前日と同じ内容の演説をおこなった[11]。

③ 2月5日は報告演説会と称して、立入は同郡府中村大字土橋の浄久寺におい

て150名内外の傍聴人を集めて、第2議会の報告をおこなった。まず菅野某が開催の趣旨を述べ、ついで立入が「第2議会の概況、地価修正に関する件、及び氏が将来政治上に執る所の意見」を演説した[12]。

なお、立入の演説内容に関しては、2月10日付『伊勢新聞』が、「本日は第六区候補者立入奇一氏の演説筆記を付録として添付せり、又明日は尾崎行雄氏の演説筆記を付録として添付すべし」と記しているが、現存の『伊勢新聞』(マイクロフィルム版)には立入のものは添付されていない。ただし上記の尾崎の演説筆記は11日に掲載されている。理由は分からないが、立入のものが見当たらないのは大変残念である。

このように序盤戦における地域の演説会において、立入派が阿拝郡に会の開催を集中させているのは、この郡が第6選挙区の4郡のなかで最も選挙民が多かったからではないかと考えられる。また立入の居住地と選挙事務所が阿拝郡にあり、演説会開催に際して本郡が手をつけやすかったからとも考えられる。

注
(1) (2) (3) 『伊勢新聞』明治25年2月6日付。
(4) 『同前』2月7日付。
(5) 『同前』2月6日付。
(6) 『同前』2月13日付。
(7) 『同前』2月9日付。
(8) この様子を、2月5日付の『伊勢新聞』は「第六区の景況」として「伊山の有名家として知られたる阿波直三郎氏は初期の選挙に立入氏を助けたる人なるも一昨年来地価修正委員の件に付立入氏とかい離する所ありしかば本年の総選挙には専ら福地氏のために尽力することとなり伊賀倶楽部の人々とともに福地氏の選挙に奔走中なり」と伝えている。
(9) 『同前』2月8日付、「深山氏と福地氏　名張郡に自立したる由記載したる深山たかつら氏は去二日上野町に出陣して福地派の有志と会合し何か福地派と結託する所ありて帰宅したりと聞く。
(10) (11) 『同前』2月7日付。
(12) 『同前』2月9日付。

4 選挙中盤戦の情勢

　選挙中盤戦においては、いまだ両候補の優劣はつき難く、勢力図はなお混沌としている状態にあった。この点を次に見ておきたい。

4.1 阿拝郡山田郡の情勢

　２月８日付の新聞の伝えるところによれば、「ほぼ既に定まっている様子であるけれども、あるいは主義によって離れるものもあり、あるいは節をまげて動くものあり、あるいは朝に立入派の説に服し、夕べに福地派の論に応じ、心身漂々あたかも水草の風波におけるがごときものなどありて今や反っていくぶんの変状を呈したるもののごとし」とあって、票の読みは困難を極めている様子が伺われる[1]。

4.2 名張郡の情勢

　やはり２月８日付の新聞によれば、「立入派の幕僚数名が常に同地に出陣し、名張倶楽部の役員と相結びその半ばを占領したと揚言すれば、福地派は深山たてつら氏と相結び、これまたその大半を得たりと、二者果していずれが真なるや単門を遂げて確報すべし」とある[2]。これによると名張郡は福地派が「大半」で立入派が「半ば」という言の若干のニュアンスの相違を真に受ければ、福地がやや有利のようにも受け取れるが、振り子のような可動性の存在は十分に察せられる。

4.3 伊賀郡の情勢

　同日の新聞は「半ばはすでに決し一見判断を下すときは立入氏その多きを占めたるもののごとくなれども、福地氏またこの幾分を得たりと、なお中立的主義を守り両派の旗色を眺めつついまだ方向を決しないものも少なくない」と伝

えている[3]。伊賀郡では立入優勢の感触を記者はつかんでいるようである。

4.4　全区の形勢

以上4郡の情勢分析から、伊勢新聞社ではまだこれからの選挙戦次第では両候補の優劣は流動的であるとの感触を得たようであるが、若干は第1回当選の衆議院議員経験者である立入の優位を見て取っていた。しかし今後の福地派の動き次第でどのように転ぶかは予断を許さないとも見ている。2月8日付の記事は以下のように報じている。

> 全区の形勢　既にかくの如くなれば中原の鹿果たして立入氏の手に落ちるか、将た福地氏の獲る所となるかは予め期すべからざるといえども、昨今区内の大勢と両派有志の挙動とに拠りて看察を下すときは、立入氏の勢力は表面上すこぶる強大を示しつつあるも又その裏面を洞見せば、あるいは表裏相伴はざるものあるに、福地氏表面の勢力微にして内実すこぶる気を得たるがごときものありて、区民の意向未だ全く一定するに至らざるのみならず、昨今の形勢にては既定の部分といえども今後幾分の変動を免れざるやの観無き能はざるの有様にて、すう勢の帰する所未だ予め知るべからざるに似たり

これによると、表面上は立入の優勢が見られるが、裏面的にはさほどではない。一方の福地はその逆で、表面上は微力のようではあるが、内実は充実しており、選挙区民の意向、動向によってはまったく予断を許さない。したがってまだ帰すうを推し量るべき段階ではない、というのが新聞編集者の率直な弁であった。

4.5　立入派の攻勢

両派膠着状態のところへ改進党の大立者である島田三郎[4]から立入応援の書面が届き、選挙区民へ披露された。2月10日付の新聞記事および書面は以下のとおりである。

本区選挙人に対する島田三郎氏の書面　改進党の名将たる島田三郎氏は幾千通の書面を裁して同友会に送り、伊山選挙人に送付方を申込みたるに付、同友会事務所は一昨八日より衆議院議員選挙有権者へ配達中なりと、その書面は左の如し

　拝啓益々御勇健社会の為めに御尽力被為在日謝し月賀し上げ候、陳ば今回の総選挙は民党相互の競争にあらずして立憲藩閥二主義の競争に候へば、苟も前代議士にして節操に欠くる無ければ民党選挙者は之を再選すること当然の儀に之あり、前代議士を信用するは即ち前議会を信用するものにして民党の運動は此の如くならざるべからざる儀と存じ候、又解散のこと無ければ前代議士は尚ほ二ケ年間続任すべき次第に候へば、解散を利用して民党候補者が互に競争するは決して政治家の徳義に之れ無く候、小生の意見此の如くに候へば御区有志者が民党前代議士立入奇一氏を再選するに決せられ候こと真に至当の儀と大いに賛成仕候、且立入君が議会内の運動は常任特別二種の委員として尽力せられ候と政友の普く見認める処にして、特に地価修正問題に関して立入君の熱心誠実なるは院の内外挙げて嘆称致候処に、同志諸君の尽力に依りて首尾よく当選の好報に接し候を佇望罷在候頓首

立入奇一君の政友

　　二月五日　　　　　　　　　島　田　三　郎

　この書面において島田三郎が綿々と綴るところの趣旨は概ね以下のようである。今の選挙は民党同士の争いではなく、立憲と藩閥の二つの主義との闘争である。従って民党の前代議士に議員としての過誤がなければこの者を再選すべきである。解散のことがなければ前代議士にはまだ2年の任期があったのであるから、解散があったことを機会に民党相互が相争うのは決して政治家の徳義ではない。民党の前代議士である立入氏を再選させることこそ至当というべきである。しかも立入氏は議会において常任委員と特別委員の二種の場において国家国民のために尽力してきたことは政治家のだれもが認めるところである。

特に問題となっている地価修正問題では立入氏は熱心かつ誠実な働きをなしたこと、内外の称賛を得ている。どうか彼の再選の報を宿望するものである、と。立憲改進党の大立者である島田の書簡は、少しく選挙民の心をとらえたやもしれないが、これが選挙民の投票行動にどのように現れたかについては知る由がない。

また同日付の新聞紙上に阿拝郡長田村有志による立入支持の広告が出された[5]。

　　本村ハ前代議士立入奇一氏ヲ第六区衆議院
　　議員候補者ニ推スニ確定セリ此段広告候也
　　　　阿拝郡長田村有志
　　　　　　澤田久次郎
　　　　　　田中利三郎
　　　　　　　外五十名

前に記したように長田村の選挙民の総数は57人であるから、上記の52人が立入を支持したことが事実ならば、立入派は本村の有権者の大半を握ったことになる。またこのことが新聞紙上で表明されたことは、他村への波及効果にもつながることになったであろう。

立入派の長田村への食い込みに当たっては、伏線があった。すなわち2月6日付新聞は、同村選挙人は県会議員の福喜多熊吉や村長の永岡敬治の勧誘により全村こぞって立入支持に傾いていたが、近日これに異心を抱くものがあらわれ、局面は一変した。これにより2日以来紛議を引き起こすこととなり、物情穏やかならざる状況を呈するにいたった、と報じた[6]。ところがこの報はのちに誤報であることが判明した。

2月9日付伊勢新聞には次のような修正記事が掲載された。つまり立入派に与する長田村長は地価修正運動費の件、村条例の件、常設委員設置の件、その他2、3の件について穏当でない所意が露見し、それが1日の同村青年団体「正気会」による非政談演説会の場において暴露されたのを機会に、村民がこ

ぞって激高の意を村長に浴びせ始めた。同村村民は前回の総選挙では村長の意志に即して概ね立入に投票したが、今回の総選挙でもまた村長の意に従って立入を支持・再選すべきものと決していたが、村長の不穏当な所意があらわになった上は、同村有権者たちは立入派の村長の意に従わないのではないかという杞憂が生じることとなった。あわてた立入派幹部たちは村長に不審を抱く村民と村長との間に立って調停の労を執ることとなった。

上掲した長田村の立入支持表明は、その調停が功を奏した結果を示すものであろう。

かくして選挙中盤の情勢分析を新聞は次のように行っている。

まず阿拝郡山田郡の情勢に関して見てみよう。

2月12日付の新聞はこの両郡での大勢はほぼ定まった、と伝えている。すなわち立入は阿拝郡の河合・玉瀧両村と、山田郡の山田・布引両村の全部を押さえ、また阿拝郡の小田・花之木・長田・島ヶ原・丸柱・中瀬の村々と山田郡阿波村の過半も立入が取り、山田郡友生村と阿拝郡上野町の一半、および阿拝郡の新居・府中・壬生野各村の幾分が立入の占めるところとなった。福地の占領地は阿拝郡の西柘植・東柘植・鞆田・三田各村の全部、壬生野・府中・新居の過半、友生・上野町の一半、および小田・花之木・長田・島ヶ原・丸柱・中瀬・阿波各村の幾分である。大差はないとしながらも立入の方がやや多数やもしれない。とにかく形勢は固まった模様で、双方は攻めを止めて防御をもっぱらにしている。だが、そうは激変することがないであろう、とも報じている。

また名張郡・伊賀郡の情勢に関しては以下のようである。

両郡においても大勢はすでに決しているはずであったが、選挙民は腹のうちを語らず、両派の中枢の幹部たちは別にして、いまだ形勢を審議し報告するまでには至らない、改めて実地探聞して報告したい、と記事は伝えている[7]。

注
（1）『伊勢新聞』2月8日付。

（2）（3）同上。
（4）政治家・ジャーナリストの顔をもつ島田三郎については『島田三郎全集』全7巻（1988年、大正版の改訂増補）が発行されている。その他高橋昌郎『島田三郎』1954年、同『島田三郎論』1988年、小西豊治『もう一つの天皇制構想』1988年、井上徹英『島田三郎と近代日本—孤高の自由主義者—』1991年等を参照のこと。当時、島田も静岡の選挙区から立候補していた。
（5）『同前』2月10日付。
（6）『同前』2月6日付。
（7）『同前』2月12日付。

5　選挙終盤の情勢と郵便局長会議事件による急転

　第6選挙区の全容が逼迫した状況で伝えられるなか、選挙戦終盤にいたって、郵便局長会議事件なるものの発生によって急転直下、異変が生じることになる。

5.1　終盤の情勢

　まずその直前までの選挙区、ことに名張郡の様子から見ておこう。
　福地派の援軍である名張の有力者深山聳崿は、名張町字本町烹煮店北出屋方を本拠地として、奥田名張町長、岩本蔵持村長、竹森伊賀郡美濃波多村助役、杉本某などの援助を得て、郡の有権者全部を味方につけようと謀っていた[1]。
　深山は10日午後に有志懇親会を開いて、いまだ福地支持の意向を定めかねている有権者150余名を錦生村大字黒田字秀山の不動寺に招き、酒宴の間に福地支持の意志を固めさせた[2]。また比奈知村においては、深山の勧誘で全村が福地支持に決していたが、8日に立入派応援弁士の辻寛が同村に入り談話会と称して有権者に酒食を提供し、熱心に立入への投票を誘った。10日にこの通報が深山に伝わると、早速彼は同村に入り、いったんは立入へ寝返った村民有権者を招集し、ふたたび福地支持へと回復させた。このことが名張出張中の立入派

に報ぜられるや、同派の浜田某ほか2名はその日のうちに（10日）、再度同村に向かったが、いくら手を打ってもまたまた深山が村民を説得すれば効果がないと悟り、あえなく帰営したという[3]。こうして同村が福地派へと陥落したのは全く深山の地道な努力の成果ゆえであった。次回総選挙で深山が当選するのも、この段階でのかれの努力・実力が各村に浸透し実を結んだ結果であったといえる。

一方、立入派は上野町の本営から代わるがわる幹部たちを名張町字本町の旅籠屋新茶屋の陣営に送り込み、名張倶楽部の有志である高北政郎、長谷川覚三、生悦住喜代太、菊本梅次郎、福持善之丞（錦生村助役）等の声援を借りて、有権者の大部分を占領しようとしたが、福地派の深山軍と真っ向から衝突し、深山の鋭い先鋒に切り込まれ立入派は苦戦を強いられた。その結果、名張郡での両派の占領地は以下のように色分けされたという[4]。

町村名	選挙人員	歩合福地軍	同立入軍
名張町	三十六人	六歩	四歩
蔵持村	三十三人	全部	○
薦原村	二十二人	全部	○
錦生村	四十六人	七歩	三歩
瀧川村	三十一人	四歩	六歩
箕輪村	四十六人	八歩	二歩
比奈知村	四十三人	全部	○
国津村	三十二人	八歩	二歩

すなわち歩合から見て福地は、名張町21.6人、蔵持村33人、薦原村22人、錦生村32.2人、瀧川村12.4人、箕輪村36.8人、比奈知村43人、国津村25.6人の合計226.6人を獲得した。

かたや立入派は名張町14.4人、錦生村13.8人、瀧川村18.6人、箕輪村9.2人、国津村6.4人、蔵持村・薦原村・比奈知村は各0人、合計62.4人を獲得したことになる。

こうして名張郡で福地は、立入に対して約3.7倍の票を獲得したことになる。票差では165人も立入を上回ったことになる。この郡における決戦は明らかに福地に軍配が上がった。

伊賀郡はどのように展開していたであろうか。

2月15日付の新聞によると、伊賀郡にあっては、選挙民696名という大票田を抱えているため立入・福地両派の争奪戦は熾烈であった。本郡における選挙民の意向は両候補者の命運を決するといってもよかった。猪田、依那具、神戸の3村は大部分がもともと立入支持に属していたうえに、古山・花垣両村の大部分も立入派の軍門に下った。

新聞の予想ではこれら5か村の票数420余り（実際の獲得票数は447票）、そのうち福地の獲得票数は5分の2内外であろうとしている。また阿保、美濃波多、種生、矢持、上津、比自岐の6か村（票数は249票）はあたかも天下分け目の様相を呈しており、該村の向背の如何は両氏の勝敗を決するもっとも大事な分かれ目になろう、と推理している。この6か村に対する両派の攻勢は激烈を極めているが、これら村長たちは相互に固く結束して軽々しく応ぜず、容易には向背を明らかにしてはおらず、両派の旗色如何を眺める態度を貫いた。

立入派は俵屋清衛門方に本拠を構え、服部平太郎が軍配をとり、主張するところ民力休養、地価修正等の旗印をかざした。

福地派は上野町の本営から阿波、安岡、山内、川井といった幕僚格が各所を回り、深山、竹森らと連携して成果を上げつつあった。

阿拝山田両郡の方では、後述する上野町の怪報（郵便局長会議事件）がもたらされると福地は吏党であるとの風評はまことしやかに伝達され、形勢は一変する兆候を呈したと新聞社の阿保村出張員は2月15日付の新聞で報告している。

5.2 郵便局長会議事件

名張郡での福地優位が伝えられた直後に、福地は突如、予測だにしなかった

窮地に追い込まれる。彼は言われなき吏党の汚名を着せられることになるのである。

　２月14日付新聞は、この汚名に対する次のような福地の弁明を載せている。

　　第六区衆議院議員選挙ニ付郵便局長等何カ計画スル所アリシトシ拙者固ヲ吏党ナリト浮説アレドモ拙者固ヨリ自由党員ニテ飽迄民党賛成ニシテ局長等ニハ毫モ関セズ迷ヲ解ク為メ是ニ広告ス

　　　　　　　　　　　　　　　福　地　次　郎

福地が国民に不人気な吏党候補であるという情報は、当初、『三重新聞』からもたらされた模様である[5]。『三重新聞』はもともと立入の所属する改進党系列の新聞である。上記の福地弁明の記事と同じ紙面には、

　　本月十三日発兌三重新聞紙上郵便局長ノ盟約ト題スル記事ハ事実無根ニ付取消方ヲ申入レタルモ右ハ一般ノ信用ニ関シ容易ナラザル義ニ付尚為念此旨広告候也

上野郵便電信局長	貝増与四郎
山田郵便局長	稲増　寛
阿保郵便局長代理	山崎正太郎
名張郵便電信局長	竹原吉右衛門
長瀬郵便局長代理	大矢寅之助
島ヶ原郵便局長	二井とら吉
古山郵便局長	花谷孫七
佐那具郵便局長	木沢正右衛門
柘植郵便局長	福地太八郎
丸柱郵便局長	大矢光造
平松郵便局長	大森甚之助

と見え[6]、13日付『三重新聞』に福地が吏党に属す郵便局長らと盟約を結んだとおぼしき記事が掲載されている。福地の釈明記事、および郵便局長らの取り消し要望・弁明記事は翌15日にも『伊勢新聞』に掲げられた。

福地派はこの言われなき中傷に名誉を棄損されたと憤慨し、また他方の立入派も、かえってこれは立入を悪者にするための陰謀であると怒りをあらわにした。この点を新聞は以下のように評した[7]。

　　立入、福地両派の激昂　又右変報の一たび世上に喧伝するや、立入派は之を以って官府の干渉と為し、昨日午後六時より上野町なる菅原座において政談演説会を開きて此の顛末を報告し、大いに与論に黒白を問ひ、福地派は此の顛末を聞きて求めざるの干渉に名誉を毀傷せられたりと為し、福田為吉氏の如きは上京の委員を設けて逓信大臣に照会してその理由の回答を得んと両派の激昂ほとんど頂点に達したりと噫。

しかし、窮地に陥ったのはやはり福地の方であって、彼の側の劣勢は新聞に次のように報じられた[8]。

　　福地氏吏党と称せられる　　｛昨后七時上野発｝
　　福地次郎氏は吏派候補者なること発覚し　**六区の形勢一変せり立入**氏の勢力忽ち強大を示せり、当選疑ひなかるべしと風評す

これら一連の記事の真相はいったいどのようなところに存在したのであろうか。

2月14日付の新聞はこれを「郵便局長会議事件に就きて」と題して詳しく追跡している。以下これについて見ておこう。

2月10日に津郵便電信局長が上野にやって来て、地元の三等郵便局長ら12名を集めて会合をもった。このことを11日夜に上野の大森牛之助が津の伊勢新聞社を訪れ社員の米津鎌治郎に話した。こと内容が選挙に及ぶため新聞社としては慎重を期してすぐには紙上に掲載するのを見合わせ、ひとまず13日に米津を伊賀に派遣し、真相を探ろうとしたのである。そうしたところ事の重大性が判明したため、急きょ伊勢新聞社はこれに関する経緯を14日の新聞紙上に出来る限り具体的に掲載することとした。

まず、10日に上野で開かれた三等郵便局長会議は、柴田津郵便電信局長が上野に出張のうえ開催された。柴田は選挙期日が切迫しているので郵便局長たち

がこれに関わり、狂奔していたのでは郵便業務に支障が出る。従って議事は、郵務研究所に小部会を設置すること、政党に関係しないこと、議員選挙のため運動しないこと、郵便電信取り扱い上非常の注意をすべきこと、の4件を取り決めたが、最後に柴田局長は、およそ交通（通信）の事業に従事する者は円滑に運用を行わなければならず、協同一致を要務とし、また三等郵便局長たる者は地方の名誉と財産を有しかつ選挙権を有するのであるから平素から徳義を重んじ、堅実な意見を持つべきである。時節柄、自己の堅実さを守り、堅実な人物を選挙することも自己の堅実さを意志表明することになる。ここまで柴田局長が述べたところで貝増上野局長は遮ってそこから先は協議するから、と暗に柴田の退席を促し、代わって貝増が座長となり、いわゆる堅実な議員を選挙するための協議会がそこから始められることとなった。貝増局長が事前に柴田局長と取り決めがなされており、その意を受けて会議を指導したことはこれらの推移からして間違いなかろう。かくして全会一致で以下の8件の盟約を調印した[9]。

　一　吾々交通事業に従事するものは始終一致の運動を為すべき事
　二　衆議院議員並に県会議員等を選挙するには一同協議の上最も誠実なる人を選挙する事
　三　誠実なる人を挙ぐるに就ては親族中有権者も同意を需むる事
　四　明治二十五年二月衆議院議員選挙には福地次郎なる者を選挙する事
　五　該盟約事項は堅く秘密を守り他に漏洩せざる事
　六　万一此盟約に違背する者は一同協議の上将来の交際を絶つべき事
　七　同盟者中此盟約に違背したるを聞知せし者は貝増氏に無口（読解困難）にて報知すべし其報知を受けたる時は一同の協議に付すべき事
　八　七項に違背したる者は六項に因り処置する者とす
右盟約の事項後日違背せざる為め記名捺印する者也
　　　明治二十五年二月十日
　稲増　寛　　山崎正太郎　　竹原吉右衛門

大矢寅之助　　二井虎吉　　　花谷孫七
木沢正右衛門　福地太八郎　　川崎貞蔵
大矢光造　　　大森甚之助　　貝増与四郎

　この盟約書は玉滝郵便局長が起草して各自が調印したという[10]。初めに柴田局長が選挙運動をしないこと、を強調した後に、それとは矛盾する「福地を選挙すること」という1項を盟約に加えた点にこの会議の真意を伺うことができる。

　上記のように、盟約には福地次郎を選挙するという一項があったが、会議ではあえて予選会を開き、その投票結果は、福地次郎が10票、立入奇一が2票というものであった。

　貝増局長はこの夜11時半ごろに、名張と佐那具の両局長（竹原と木沢）を伴い、柴田局長の宿を訪れて、上の盟約書をひそかに手渡し退出した[11]。貝増は柴田局長にこれを手渡す前に第4項が穏当ではないのを察し、局長各自が記名捺印したものであるにもかかわらず、勝手に盟約書の第4項を

　　四　前項の場合と雖も其筋の訓令の趣を確守し決して政党に関係し又は運
　　　　動すべからざる事

と改正してしまった[12]。この点に関しては柴田と貝増の間で十分な事前の意志疎通が図られていなかったのであろうか。柴田はそのとき来客中であったので、盟約の中身を見ずじまいであったが、翌朝になり検閲すると盟約の第4項に不都合な事項があるのに気づいた。しかし、なお慎重・丁寧さを要すると柴田は判断し、ひとまずこれを津に持ち帰り、十分に検閲してから返却するべし、と思い、11日これを携えて帰津してしまったのである[13]。

　ところが、この盟約のことは直ちに露見することとなった。どのようにして秘密が漏れたか。前記した14日付の局長弁明広告に、これまで出た川崎貞蔵の名前と玉滝郵便局長名が抜けていることに気付かれよう。つまり盟約に加わった玉滝郵便局長の川崎貞蔵が盟約書のことを他に告げてしまったのである。

　そのことは新聞記者の調べで判明したようである。2月14日付記事にはこの

件が発覚した時の事情が記されている。

すなわち、玉滝村はほとんど全村挙げて立入奇一を支持する、いわば立入の牙城であったのだが（前章参照）、10日夜に開かれた村内有志会議に川崎が欠席したことを不思議に思った村民が、欠席理由を川崎に問いただしたところ川崎は隠し切れずに10日の郵便局長会議の場における盟約書のことをついに打ち明けてしまったのである。

川崎は福川兼三郎に委任状を渡し、これを代人として貝増上野郵便電信局長の元へ派遣し、盟約証調印取り消しを申し入れるとともに、局長辞表を提出した。そのときの委任状は以下に記すとおりである。

　　　　　委　任　状
　接者議事故有之山田郡山田村大字千戸福川兼三郎を以て部理代人と定め接者の名義を以て左の権限の事を代理為致候事
　　一明治二十五年二月十日貝増与四郎外数名と衆議院議員及び県会議員選挙に係る盟約書取消の件
　右委任状依て如件
　　　　阿拝郡玉滝村大字玉滝
　　　　　　　川崎貞蔵（実印）

貝増はこの照会に接して、すでに盟約証は柴田局長が津に持ち帰っていたため、やむを得ず次なる書面を福川に渡した。

　盟約書は津局長持帰りしに付只今より発電之□を以て取寄せ明十二日午前九時頃迄に川崎貞蔵氏の署名捺印取消に応じ可申候之
　　　二月十二日　　　　　　貝増与四郎（検印）
　川崎貞蔵殿代理
　　　福川兼三郎殿

この照会にしたがって貝増は、直ちに柴田津局長に申し入れをおこない、川崎への約束を果たした。

しかし事の顛末を知った立入派の面々は、そもそも貝増が一個人の意志で各

自が署名調印した盟約証を改ざんした点、また柴田局長が検閲のためとはいえ三等局長間に結ばれた盟約証を津に持ち帰った点、等々に憤慨するとともに、堅実な人物を選挙すべしと盟約したこと、親族中有権者の同意を求めること、一個独立した選挙権をおこなうのに盟約証を作成したこと、これに違背した者は絶交するなどのことを取り交わしたこと、などは公平を誓っておきながら逆に公平に背くことになったのは憤激の極みであると、立入派は怒りを押さえなかった。

　かくして前に掲げた福地の釈明記事と、郵便局長弁明広告は2月14日の新聞に掲載されることになったのである。

　福地を吏党とするのはややもすれば立入派の仕組んだ謀略ではなかったか、私は当初そのような気もしないではなかった。なぜかというと、立入派は当初からこの選挙はもう少し楽に勝てると考えていたが、たとえば名張郡での予想外の劣勢が立入派に伝えられ、厳しい選挙になることを実感した。立入の改進党に与する『三重新聞』は窮余の一策として、自由党員である福地を選挙区民に人気のない吏党に仕立てることにより立入の優位をより明確にする必要があり、同派はそれを画策した、と。しかし、伊勢新聞社員米津の取材・調査に基づく14日付の『伊勢新聞』記事が真実ならば、三等郵便局長らの盟約書はどうも立入や福地たちとは直接関わりのないところで柴田・貝増局長等が画策したものであったと見なさざるを得ない。なお今の段階では柴田・貝増が熱心な自由党員で、福地支援のために局長会議の開催を目論んだという証左は得られていない。だがそう考えるのが穏当であろう。しかし両局長の策謀は裏目に出た。結果として福地不利の方向が生じてしまったことは否めない。

　13日付『三重新聞』（現在散逸のため内容は不詳）が報じたであろう「福地と各地郵便局長との盟約」説が仕立てられた後の福地の劣勢と、立入の一気果敢な攻勢は、投票日2日前にしてそれまでの全体形勢を逆方向に転じさせたことを象徴している。

5.3 郵便局長会議事件にまつわる更なる怪事

ところが、この事件は後日、『伊勢新聞』が調べたところの真相を記事にして選挙前日（14日）の配達に間に合わそうとしたが、新聞そのものが搬送途中に行方知れずとなるという、実に不可解な怪事件に見舞われることとなった。以下に２月16日付新聞の載せる通りを示そう。

●怪事　{伊賀に於ける伊勢新聞の不着}

一昨日本社発行の伊勢新聞は伊州に於ける三等郵便局長会議より生ぜる記事を掲げし為め、印刷も亦遅延に及びたるに依り、津停車場発の二番列車に搭載して柘植停車場に送り、此所にて伊州上野の支局より発したる脚夫に逓伝する都合に取計らひたれば遅くも同日午後には伊州の看客に送達したりと思ひの外、同日午後四時三十分上野支局より伊勢新聞未着との電報に接したるに依り、本社は直に之れに答へて同日二番列車に搭載せる旨回電に及びしに支局は又同五時四分の電報にて二番待つとの返電ありけり、是に於て本社は直に関西鉄道会社に照会して搭載の有無を取調べたるに、正に搭載したるとの事なれば其旨又支局に電報し置きたる処、昨日支局より達したる信書には二番汽車を待ちたるも遂に着せず、拠（よんどこ）ろなく翌日受取る事となりし旨を申し越したり、右に付き昨日本社は関西鉄道会社に照会して証明を求めたるに、左の証明を得たり

　　　　　　　　　証　明　書

一　伊勢新聞　柘植行斤量拾八斤賃金七銭

　　　右は昨十四日十時頃御依頼有之候に付午前十時三十五分

　　　発の列車にて当駅発送仕候段

　　　右確実に候也

　　　　　　　津ステーション貨物掛

　　　　明治二十五年二月十五日　　　　藤井祐郎（検印）

　　　　　　伊勢新聞御中

証明已に斯の如くなれば此新聞後零時二十六分迄には上柘植停車場に着す

べきに左はなくして遂に同地に着せざりしが奇怪なる、抑（そもそも）同日の新聞は特派社員の帰社を待ちて記載せる伊州の一大事件を報じ、殊に形勢一変の電報を迄掲載せるものなれば、此の新聞の同地に着するとせざるとは勝敗に関し喜憂に関し、実に重大の関係を有するものなるに、津停車場以西に於て蓋（かさ）に於ても鮮（すく）なからざる、而（しか）も例に依り発送する此の新聞の形を匿（かく）せしは誠に意外の出来事と言わざる可らず、右に就ては昨日再び関西会社に対しても相当の照会に及びたれば同社の回答に接する上は、又た相当の捜査を遂げ、其の顛末を紙上に明記して、伊州看官に謝すべきも、同日に限り此の新聞の伊州に不着したるは深く伊山の看客に謝する所なり、時実に選挙の前に会して往々奇怪の事なきを保せず、是等の件に至りて恐らく是種奇怪の性質を有すべき筈なきを信ずるも新紙記載の事項に鑑みれば、又或ひは半信半疑の間を彷徨せざる可らず諸君幸にこれを察せよ　（カッコ内は上野が補う）

　これによると伊勢新聞本社としては、先の郵便局長会議の真相を伊賀地方の選挙民に伝えんがために、前記した郵便局長会議事件の顛末記事を、投票日前日の配達に間に合わせようとして津停車場から列車に搭載し柘植停車場まで届けられるように手配したが、その日の午後になって伊勢新聞上野支局から新聞未着との電報が届いた。関西鉄道会社に搭載したかどうかを打診し、当該新聞の搭載を確認したが、それは伊賀に着いた列車には載せられていなかった。関西鉄道会社は新聞の搭載したことの証明書を発行、10時35分発の列車で発送した旨を新聞本社に伝えた。それならば昼の12時26分までには柘植停車場に到着していなければならない。14日付の新聞はついに伊賀地方には届けられなかった。この新聞の記事内容は、今回の総選挙にとっては実に重大であり、候補者の当選が入れ替わるほどの重みをもっている。つまりは、いってみれば福地の冤罪を晴らす重要性をもっている。伊賀地方の新聞読者は決して少なくはない。まさに形勢が一変するほどの重大性をおびてくる。伊勢新聞本社としては、発送した大量の新聞が消えた原因を探るべく手を尽くした。その行方はつ

いに、ようとして知れず、本社は伊賀の読者にわびたが、記事の内容が内容だけに選挙期日前にこうした奇怪なことがあるとすれば、半信半疑、裏に何か謀略めいたことを感じられずにはおれないことを記事はにおわせている。

　この新聞紛失事件は、今となっては真相は闇の中である。津郵便通信局長や上野郵便局長らが初めから仕組んだとも思えず、玉滝村の立入派のだれかでもなく、関西鉄道会社でもないとすれば、津発柘植行の二番列車に積み込まれた２月14日付『伊勢新聞』を途中で持ち去ったグループは、いったい、どこのだれであったのか。敢えて大胆に憶測を述べるとすれば、その実行者は『三重新聞』に係わりのある者たちではなかろうか。上記したように、同社は福地を郵便局長らと結託した吏党であると報じた。それが伊勢新聞本社による調査でそうではないことが判明した。改進党系の三重新聞社としては、そのことが伊賀の選挙民に知れ渡れば、応援する立入の立場がなくなる。選挙には当然不利にはたらくし、落選も覚悟しなければならなくなるであろう。また、福地は吏党である、と書いた同社の面目も丸つぶれになる。立入を落選させることだけは何としても避けたい。多少うがった見方かもしれないが、そういった思惑が作用したのではないか。

　さて、郵便局長会議事件が報じられたとはいえ、福地派の支持者層は依然として根強いものがあった。前に記したように、13日、立入派は上野町菅原座において政談演説会を開催し、聴衆約900名を前に、福地が吏党に所属していることを責め立てた[7]。こうした演説会はもとより、かかる記事が新聞に出ることにより世論はますます福地不利に働いたものと思われるが、この会の模様を眺めてみると、立入派主催にもかかわらず、福地派の一団がこれを切り崩しに動き、ある程度これに成功している。新聞記事によりその様子を見てみよう[14]。

　13日夜に立入派の主催で開かれた菅原座（上野町大字丸之内）における自由改進政談演説会は、福地は吏党であるとの郵便局長関与の証書が出現したこと

をもって最大の攻撃材料とし、この事跡を選挙民に訴えるべく同派は殊の外勢いづいていた。聴衆900名余りほとんど立錐の余地なく場外で聞く者や引き返す者まで出たという。臨監警部は玉置仙弥上野警察署長で、筆記巡査2名を従え、また場内外警備のため倉岡警部と巡査6、7名が制服にて厳重に警戒に当たった。開会の趣旨及び「正義論」という演題で百地織之助が論じた。途中で論鋒を福地攻撃に向けるや会場から冷評ば倒の声が上がり、百地は下檀せざるを得なかった。おそらくは福地派の一団が列席していたのであろう。次いで福川兼三郎が立ち、「川崎貞三君の義侠心」と題して本文論述したところの郵便局長盟約の顛末とその発露した所以を演じたが、これも会場からの野次でようやく終えた。3番目に登壇した三重郡からの応援弁士辻寛は「解散論」という演題で福地が吏党なるはいわゆることわざに「瓢箪から駒が出たる」に等しい、と福地攻撃を強めた。するとまた場内各所からノーノー、引っ込め、止めよとの野次が飛んだ。辻は結局最後まで論を結ばずに檀を退いた。この後予定された大森牛之助「男子の不節操は□（門構え、関カ）を破る」と森川六右衛門「其本分を全ふせよ」の2題は中止となった。閉会は8時40分ごろという。自由改進演説会と銘打たれたこの会の開催は、先般の郵便局長事件を起爆にして改進党福地派の面々を自由党立入派に組み入れさせようという目論みがあったものと思われるが、依然として福地派の根強い支持者たちの抵抗に遭い、この演説会は立入派の思いとは裏腹に必ずしも成功裏に終えたとは言えない結末を露呈した。この点は見逃す訳にはいかないであろう。

　両候補は接戦に次ぐ接戦で、判定は投票日に持ち越されたが、投票の様子を見た伊勢新聞記者は、「第六区　大激戦の結果遂に福地氏立入氏を凌て多数を占めたる景況なり」という記事まで載せた[15]。これはいささか記者の勇み足であったが、それほどまでに両者の戦いはし烈を極めたといえる。17日の同じ紙面には「立入派の予算｜昨後五時半　上野発｜立入派有志の予算によれば立入氏は千四百余票にて当選すべしと声言し居れり」とあり、記者の読みとは異なる記事が掲載されている。投票では両者の票数はよほど拮抗していたことが

注
(1)～(4)『伊勢新聞』2月14日付
(5)『三重新聞』は現在この期間の記事が欠如していて、具体的な記事内容は分からない。
(6)～(13)『伊勢新聞』2月14日付。
(14)『同前』2月16日付。なお13日の午後3時からは、阿拝郡府中村大字佐那具の西法寺堂宇において聴衆150～160名ほどを集めて政談演説会が開催された。前記と同様に百地、福川、森川、辻が演壇に立ったが、福川の演説は、途中で臨監警部の玉置上野警察署長が安寧秩序を害する嫌疑ありとの理由で中止を求められた。
(15)『同前』2月17日付。

6　投票、及び選挙会

6.1　投票の模様

投票日は2月15日となっていたが、投票函は2月7日に第6選挙区長から各区内町村役場へと送致された[1]。

上野町の投票所は同町大字紺屋町正崇寺と決められた[2]。

また上野町における管理者は町長柴田正作（福地派）、立会人は福田為吉（福地派）、筒井喜一郎（立入派）、福森利助（立入派）と決まった[3]。ただし投票日当日、立会人の筒井に支障が出たため菊輪茂十郎に入れ替わった[5]。彼も立入派であったろう。

上野町における投票の模様は以下のようである[4]。

午前7時に開場し、玄関で役場の書記2名が受付事務を取り扱った。ここでは宮本巡査が警戒に当たった。

投票場では管理者と立会人のほか投票代書記2名がおり、この場では松井巡査が警戒に当たった。この日、投票権を行ったのは89名中70名で、他は棄権した。19名が棄権したことについては2月16日付『伊勢新聞』にも記載されている。

一番最初に投票所に来て投票したのは、大字農人町の橋本甚五郎という人物であり、最終は大字萬町の町田小左衛門という人物であった。棄権者は19名であったが、ひとり堀萬興は疾病のために会場に足を運べず、止む無く棄権するとの届け出があったが、他の者はみな無届けの棄権であった。

正規の閉場時間である夕刻6時をもって管理者は投票函を閉鎖し、ついで選挙録を作成しこれを朗読、立会人とともに署名捺印を終えた。6時10分無事閉場を告げ、投票函は宮本巡査がこれを警護して直ちに町役場へと送致した。

なお候補者の立入は、奥升、瀧本両壮士に付随警護されて投票所に来たが、伝えるところによれば彼は同じ改進党の尾崎行雄（第5選挙区候補）に投票したという。候補者は自分に投票できない規定であったためである。ちなみに投票は他区の人間に入れてもよかった。

『伊勢新聞』2月16日付に掲載された、午後9時45分の上野から発せられた電報では、立入派の目算は、200票余りの勝ちを制した、としていたようである。まだ投票函は開封されていないので、今日言うところの出口調査に似たことをした上での勝算であろうか。

また、名張町における投票所は本町の栄林寺と決められた。選挙管理者は奥田藤八町長と定められ、立会人は竹原吉六、喜多村勘三郎の両氏が務めることとされた[6)]。残念ながらここでの詳しい投票の様子は伝わっていない。

6.2　選挙会の模様

選挙人の心得が三重県全選挙区に通達された。2月13日付の新聞に掲載されたものを掲げると以下の通り。

> 一選挙投票の日時は二月十五日、開票の日時は二月十七日午前七時より始む。但し五区は二十日。◎選挙人は入場券を以て出頭するものとす。選挙人投票の為め出頭するときは、受付掛において入場券を引換へ到着番号札を受付投票所に入場すべし。◎到着番号札を受取たるときは、一時相席に入り投票所管理者においてその到着番号札の順序に従い、選挙人

投票所に呼出したるときはその住所姓名を自称し、選挙人名簿の対照を受け、到着番号札と引換えに投票用紙を受取るものとす。◎選挙人は選挙の当日本人自ら投票所に出頭するものとす。選挙人は投票所において投票用紙に被選人の姓名を記載し、次に自己の住所、番屋敷、姓名を記して捺印するべし。

投票用紙左の如し

折り目ノ印シ

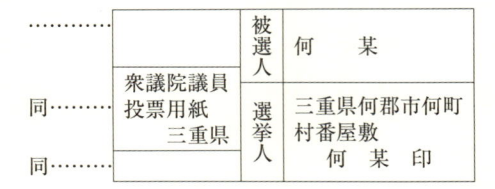

	被選人	何　　某
衆議院議員投票用紙　　　三重県	選挙人	三重県何郡市何町村番屋敷　　何某印

……線ニ随ヒ左ノ如ク三ツ折トナシ粘付ノ上投票セシムヘシ

一選挙人投票用紙を受取たるときは投票記載の為め設けある卓上において記載するものとす。◎選挙人にして文字を画する能はざるものはその由を管理者に申立、代書書記に代書を乞ふものとす（因に記す。本県第五区は定員二人なるを以て被選人と記したる部画へ二人を連記すべし）

各投票所ではいずれも異状なく閉場され、投票函は16日に管理者、立会人、および警官等が付添し、多くは腕車をもって選挙会場である阿拝山田郡役所に無事護送された[7]。すべて午後3時までに同所に到着した模様である（上野発午後5時半)[8]。

なお各投票所からの投票函の到着順序については、

　　一阿拝郡長田村　　　　二伊賀郡古山村　　　　三同郡花垣村

　　四山田郡友生村　　　　五伊賀郡猪田村　　　　六阿拝郡西柘植村

第 7 章　第 2 回総選挙における三重県第 6 区（伊賀地方）の情勢　161

七伊賀郡神戸村　　　　八阿拝郡丸柱村　　　　九同郡三田村
十同郡玉瀧村　　　　　十一伊賀郡阿保村　　　十二同郡矢持村
十三同郡種生村　　　　十四名張郡蔵持村　　　十五同郡薦原村
十六阿拝郡島ヶ原村　　十七同郡河合村　　　　十八同郡小田村
十九伊賀郡比自岐村　　二十同郡上津村　　　　二十一山田郡山田村
二十二同郡阿波村　　　二十三同郡布引村　　　二十四伊賀郡依那古村
二十五阿拝郡鞆田村　　二十六同郡上野町　　　二十七同郡中瀬村
二十八同郡新居村　　　二十九伊賀郡美濃波多村　三十阿拝郡府中村
三十一同郡花ノ木村　　三十二名張郡名張町　　三十三同郡比奈知村
三十四同郡箕曲村　　　三十五同郡錦生村　　　三十六同郡瀧川村
三十七同郡国津村　　　三十八阿拝郡壬生野村　三十九同郡東柘植村

と新聞は記録している[9]。

　投票函が選挙会場にすべて到着した段階で、選挙長八尾信夫のもとで選挙委員（立会人）7名が抽籤で決められた。その当籤者の氏名を同日付新聞は、松永亀吉（阿拝郡島ヶ原村）、宮西半三郎（同郡壬生野村）、稲森新三郎（山田郡友生村）、横矢荘一郎（名張郡国津村）、藤堂平右衛門（伊賀郡依那古村）、森川鶴松（同村）、松田勇次郎（同郡猪田村）と録している。

　さて、選挙会は2月18日の午後6時40分に採点を終えた。その結果は次の通りである[10]。

　　立入奇一　　1262票
　　福地次郎　　1209票
　　尾崎行雄　　　1票
　　福田為吉　　　同
　　深山聳崥　　　同
　　無効　　　　21票

　立入と福地との票差はわずかに53票。前回総選挙では立入1250票、福地1166票で84の票差があった。今回は福地が劣勢のなか相当に票差を詰めたことにな

る。立入派は当初、1400余りの票を獲得すると予測し（上野発午後5時半）[11]、また福地を200票余り上回るという予算を弾いたが（午後6時15分発）[12]、結果はきわめて僅差であり、立入にとり実にきわどい、大接戦であったことが判明した。

　この結果についての論評を求め得ないが、もしも前述した郵便局事件がなければ福地にはさらに多くの票が投ぜられていたのではなかろうか。そういうことを考えると、事件の禍根は福地にとり計り知れないものであった。それがなければ立入を逆転していたやもしれないからである。歴史に「もしも」ということはないが、福地はこうして2回目の総選挙も敗北し、同じ相手から辛酸をなめたということになった。彼は以後、国政選挙の舞台から消えて行く。福地に代わって次回から自由党は、福地を応援した名張の深山を候補に擁立し、あらためて改進党との対決に臨むことになるのである。

注
（1）『伊勢新聞』2月9日付。
（2）『同前』2月10日付。
（3）『同前』2月12日付。
（4）管理者、立会人の所属派閥は2月12日付の『伊勢新聞』による。
（5）『同前』2月18日付。
（6）『同前』2月14日付
（7）『同前』2月18日付。
（8）『同前』2月17日付。
（9）（10）『同前』2月18日付。
（11）『同前』2月17日付。
（12）『同前』2月20日付。

7　結びにかえて

　福地の敗北以後は彼に代わって、福地を応援した深山聳峷が立入の対抗馬として浮上する。そしてこの2年後の明治27年3月1日の第3回総選挙では見事

400票余りの差をつけて立入を破り、初めて第6区から自由党議員として帝国議会に送られることとなる。このことを象徴する出来事を新聞が報じている[1]。

すなわち立入の当選祝宴会が20日に玉瀧村において70余名を集めて開かれたことを記したすぐ後に、深山が23日に4名を伴って政談演説会を壬生野村（大字川東阿弥陀寺）に開いたという記事が掲載されている。この事実は、深山が次なる出番を見据えてすでに行動を起こし出したことを物語っている。政界の浮き沈みはまことに短い周期で大きく振れ動くことを伊賀の狭あいな山間部に示す事どもでもあった。

また、第6回総選挙（明治31年8月10日）で第6区から当選することになる、憲政本党の森本六右衛門は、当時、阿拝山田郡地価修正委員として奔走しており、2月4日に阿拝郡府中村大字千歳の福仙寺において地価修正報告会を開き、上京中に運動した概況を述べ、さらには今後の方針を説明している[2]。こうした地道な活動が以後の森本の国政への足掛かりになっていくが、この時点では、まだだれもそうしたことに気づいてはいなかったに違いない。

（2007年9月30日稿）

注
（1）『伊勢新聞』2月24日付。
（2）『同前』2月10日付。

第8章　超高齢社会で定年後をどう生きるか
　　　　―実践体験を中心に―

阪　上　順　夫

1　はじめに

　21世紀の日本は、少子高齢化が急激に進み、史上初めて人口が減少する新しい時代に突入する。特に、2007年から団塊世代が60歳定年を迎えることになる。さらに5年後には、当然高齢者となる。これは、単なる高齢者問題ではなく、日本全体に、様々な問題を惹起させてくる。年金、介護、医療など、高齢者を支える制度の問題はもとより、日本経済全体にも影響が及んでくる。労働力の急激な減少、技術力の喪失など、直接的な問題を始め、経済の衰退も懸念されている。日本は、世界一の長寿国であり、人生80年から100年へ進行しつつある。定年後の人生を如何に生きるかは、個人の問題だけでなく、日本全体の将来にかかわる問題である。

2　世界一の長寿国となったが

　長寿は、めでたいことに間違いはない。だが、高齢者の増大は、問題も多発させている。一人暮らし、寝たきり、痴呆症、病院通い、老老介護など、決して手放しで喜べる状況ではない。高齢者をどう支えるか、というだけでなく、何よりも高齢者自身がどう生きるかが課題である。その上、定年後に長い人生が待っている。この長い余生を、どう充実させるかが、各人に否応なく突きつ

けられることになる。急激に進む少子高齢化は、高齢者の増大だけでなく、それを支える生産年齢層の急激な縮小をもたらすことになる。日本は、1995年に高齢者率が14.6％となり、高齢社会に突入したが、2000年には17.4％となり、2005年に20％、2015年には25％を上回る4人に1人が高齢者という超高齢社会になる。この急激な社会変化は、日本の社会経済に、想像を超える影響を与える。

　予想される最悪の事態を列挙してみよう。まず何よりも、老後の生活を支える、年金、健康保険、介護保険が、破綻の危機に直面する。当然それに対する対応策がとられることになるが、負担増と給付低下となり、生産年齢層がそれに耐えられるかが問題となる。それだけでなく、医療や介護の労働力不足も深刻化する。海外から多量の労働力を移入せざるを得なくなるが、日本語教育や犯罪防止など課題も山積している。

　次に指摘しなければならないのは、日本の国と自治体の財政問題である。日本の財政は、収入の半分を国債に依存する異常な自転車操業を続けていて、借金に歯止めがかからず、国債や借入金などを合せた国の借金は、838兆円（2007年12月）に達している。このままでは、増大する社会保障費に対応することは難しい。それに加えて、地方自治体も財政難である。夕張市が、財政再建団体となって話題となっているが、似たような地方自治体は沢山ある。老後を、国や地方自治体に期待することは出来ないと言って過言ではない。

　問題はそれだけではない。老後の生活を支えてきた家族が、頼れなくなってきていることである。核家族化が進み、高齢者夫婦世帯、一人暮らしが増えている。介護保険が作られたが、万全なものとはいえない。

　こうした悲観的な未来予測をどう克服して、明るい超高齢社会の展望を描けるかが課題である。

3　まず健康・・一生青春

　人間が幸せに生きる第一条件は、なんと言っても健康である。長生きが目出度いと言っても、病気がちでは幸せとはいえないだけでなく、社会にとっても医療費や介護費を増大させ、社会保障制度を危うくする要因になる。高齢者が加齢とともに病気がちになるのは止むを得ないといえるが、病気にならない予防医学を充実し、健康長寿を実現することが、本人を幸せにするとともに、国のため、社会のために必要なことである。そのために、私が取り組んでいるのが、「不老塾」である。

『不老塾』

　「不老塾」は、元気に百までピンピン、健康長寿を目指す塾である。現在、毎月1回（第2火曜日）松阪公民館で、50人程の塾生と行っている。出来るだけ病気にならないように、免疫力を高め、不老長寿（アンチ・エイジング）に努め、予防医学を実践することを目的としている。内容は、1時間講義し、「不老長寿とは」「ガン予防と免疫力向上法」「血液さらさら法」「成人病予防法」「認知病予防法」「快老生活法」「健康食品・サプリメント」などについて、できるだけ新しい情報を取り入れて行っている。その後1時間は実践活動で、腹式呼吸、気功、ヨガ、健康体操、ゆら体操、ベリー・ダンス、筋肉トレーニング、脳活性化のための計算・朗読・パズルなど、音楽療法、自律訓練法、笑いなどをおこなっている。それに加えて、年6回程課外授業として、「上方演芸特選会」（国立文楽劇場）観覧、鳥羽エクシブ健康合宿（プール、温泉、パターゴルフなど）、古寺散策と大宇陀バス旅行（室生寺・長谷寺など、薬草料理、プール・温泉など）、大阪・石切日帰り旅行などを行っている。また、年1回、長寿の国沖縄への旅（2006年2月）、韓国漢方研修旅行（2006年11月）、台湾旅行（2008年2月）など海外旅行も行っている。

健康長寿の基礎は、心の持ち様である。歳を意識せず、若いという心を持って、何事にもチャレンジして行くことが、若さを保つ第一条件である。私は、「百ピン音頭」というものを作って「不老塾」のテーマソングとし、振り付けをつけて、歌って踊れるようにしている。1番は、「年だって」冗談じゃない／若い心で、一生青春／歌って踊って、前向き志向／百までピンピン、ワッハッハ／、2番は「ガン」、3番が「認知症」、4番が「成人病」となっている。

4　働く・・生涯現役

高齢化が進み、生産年齢層が減少することは、労働力が不足していくことを意味する。今後、労働力不足を外国人労働者で補おうとすれば、毎年数十万人が必要と言われている。日本は、自由な移民を認めていないので、労働力不足は長期にわたると考えられる。そこで鍵を握っているのが、高齢者である。特に、団塊の世代が一挙に定年を迎えるのは、大きなインパクトになる。単なる労働力ということではなく、長年の技術の蓄積が、職場を去ることを意味する。国は、60歳定年を65歳定年にするように号令をかけているが、人事の問題もあり、民間企業が一斉に定年延長に踏み切るには時間がかかるであろう。となると、多くの定年退職者は、自ら定年後の生活設計を立てていかなければならない。

働くとは、職業を持ち収入を得ることが望ましいが、それだけではない。ボランティアとして無報酬で働くことも大事な選択肢の一つである。幸い、私は、東京学芸大学を定年退官した後、梅村学長の招請で、松阪大学（現三重中京大学）で、70歳の定年まで奉職することが出来た。60歳定年後の生活保障を企業が行ってくれることは、あまり期待できないのが現状であろう。となれば、定年前から定年後の生活設計をある程度考えておかなければならない。欧米人は、定年後仕事をせずに、余生を楽しもうという傾向が強い。これも、人

生の生き方である。これに対して、日本人は、生活環境もあり、出来るだけ長く働きたいと考えている。仕事を続ける一番良い方法は、それまで続けてきた仕事の経験と技能、人脈を生かして、就職したり、起業して、仕事をすることである。次は、資格や特技を生かして、就職したり、起業して、仕事をすることである。例えば、外国語の能力があれば、翻訳、通訳、観光ガイド、海外での教育など、様々な生き方が考えられる。最近は、田舎暮らしで、自給自足の生活を送るなども、盛んになってきている。

　私が推奨したいのは、生きがいとしての仕事である。それが収入に結びつけば理想的であるが、無報酬でも、世のため、人のためになっていることであれば、生きがいとして大きな活力になる。健康で、元気なうちは、地域や社会に貢献しようという心掛けを、高齢者が皆持つようになれば、日本も、高齢化を負の要因と捉えなくて済むようになる。一般に、女性は地域との繋がりが強く、高齢者になっても毎日忙しく過ごしている人が多い。これに対して、会社人間だった男性は、定年後行き場がなくて、「濡れ落ち葉」などと、疎まれることが少なくない。問題は、地域や市民活動に関わりあう切っ掛けである。私が、地域と関わりを持つようになった切っ掛けは、私が住んでいる東久留米市（東京都）で、当時東久留米の黒い霧事件と呼ばれた汚職事件が起き、市長の引責辞任に伴う市長選挙が行われた時であった。市政刷新に学者・文化人グループが立ち上がり、「東久留米ふるさとを創る会」を立ち上げた（1978年）。

　既成の団体やサークルに参加するのも一つの方策であるが、地域には様々な課題があり、積極的にその課題の対応策を提唱して、地域のリーダーとなるのも望ましいことである。NHK「ご近所の底力」は、各地の良い事例を提示している。私は、「松阪まちづくりセンター」を立ち上げたが、その切っ掛けは、松阪大学の大学院の授業で、「松阪市と小田原市の比較研究」に取り組んだことであった。私は、かって学生と小田原市の調査を行ったことがあり、その縁で市のPRの一役を担う「小田原評定衆」の委嘱を受けていた。松阪市と小田原市は、城下町、宿場町、歴史的遺産・人物の多さ、交通の要衝、地域の中心

地、港町、大都市圏に1時間半、など共通点が多かった。小田原市は、人口20万で、人口13万の松阪市より規模も大きく、まちづくりの参考になることも多いと考えられた。当時大学院の院生は3人で、一人は松阪市役所の職員であったが、二人は他県の出身であった。そこで、市民の参加者を募ることとし、夕刊三重に記事を掲載してもらった。その結果、十人以上の市民の参加者があったが、最後まで残ったのが、県庁や市役所の退職者の三人組であった（山崎新太郎・坂井幹・川口浅蔵）。小田原市の現地調査を含め、一年間の研究成果を「地方都市活性化への政策研究─松阪市と小田原市の比較研究」として論文にまとめることが出来た。その中に、「21世紀に向けての提言・提案」として、10項目を挙げ、その具体案として「松阪まちづくりセンター」構想案を提案した。これは、全くの構想案であったが、坂井氏から、活用できる空き家がありますよという情報が入り、具体化の方向に進み出した。

「松阪まちづくりセンター」（まちの駅「寸庵」）

　「松阪まちづくりセンター」とは、市民による可能な限りの街づくりに対応して行こうという趣旨で設立された（2000年11月）。場所は、参宮街道に面した本町で、かって「亀田屋」という呉服商が営まれていた片桐家の空き家である。明治の初期の当主が、裏千家の玄々斎から「寸庵」の号を受けたことから名称し、まちの駅「寸庵」が先ず設置された（2000年11月26日）。「まちの駅」は、地域交流センター（田中栄治代表）が提唱して全国展開されているもので、人と人との交流を通じて、まちを活性化させる拠点として設立される施設で、住民の交流だけでなく、観光客への無料休憩所、松阪の観光案内、などを行う。2階は「市民ギャラリー」として活用する。市民を対象とした「松阪市民塾」も開催する。幸いこの地は、「三井家発祥の地」に隣接し、松阪の観光ルートに当たり、観光客に重宝された。会員は、全員高齢者で、ボランティアとして当番に当たり、観光客にお茶のサービスをし、話し相手になり、好評であった。1階の店舗スペースでは、松阪の特産品「鈴」、古布、障害者福祉施

設（ペガサス・希望の園・工房やまの風）の製品などを販売した。2002年1月、松阪市が初めて創設した「第1回松阪まちづくり景観賞」で、「まちづくり活動部門」の優秀賞を受賞した。

「まちの駅寸庵」も、3周年を迎え、全国のまちの駅も「アートの駅」「川の駅」「海の駅」「健康の駅」など個性化し特色のある駅の創設が続いていた。「寸庵」も、亀田屋が主として大正時代に営業していたことから、大正時代をテーマとする街角博物館を目指し、「大正ロマン館」をオープンさせた。大正時代のミシン、蓄音機などを展示し、回想法にも役立たせるように工夫した。2003年4月、松阪紀勢界隈まちかど博物館推進委員会から、「まちかど博物館」の認定を受けることが出来た。2004年は、大正ロマンの象徴竹久夢二の生誕120周年に当たり全国的に様々なイベントが展開されていた。そこで、3月と9月の二回にわたり、「竹久夢二展」を開催し、夢二グッズの販売も行った。

2004年4月、会員に合唱の指導者と団員がいたことから、歌を通して、高齢者の元気づくり、健康づくりに貢献する「大正浪漫一座」を旗揚げした（これについては後述する）。こうした多様な活動が評価され、平成16年度「ふるさとづくり賞」の「主催者賞」（財団法人あしたの日本を創る協会・読売新聞東京本社・日本放送協会）を受賞した。

「働く」とは、生きがいを持って活動することで、報酬を得ないボランティア活動も立派な「働く」ことである。自分だけでやろうとせず、この指とまれで人を集めて実行する勇気が必要である。生涯現役を目指し、働き続けようという意欲が肝要である。

5　楽しむ・学ぶ

定年後の人生をどう過ごしたいか、といった調査で、最も多いのは、「趣味や旅行で楽しむ」というものである。これは長年働いて来て、余生は楽しくのんびり暮らしたいという本音の表れであろう。これは決して悪いことではな

い。好きなことに打ち込んで、楽しく生きていければ幸せといえるであろう。スポーツなど、体力を維持し、健康を保持することに繋がれば、良いことである。また、俳句や短歌、囲碁・将棋など知的な趣味も、脳を活性化し、若さを維持することに役立つ。こうしたことから、出来るだけ若いころから、何か趣味を持つようにすることは、大事なことである。

　「楽しみ」だけでなく、新しいことを「学ぶ」ということも、一つの選択肢である。私の学生にも、定年退職した後、夜間高校で学び、70歳過ぎて大学に進学し、見事卒業した人がいる。社会人を特別枠で受け入れる大学院も多いので、挑戦するのも良いことである。幾つになっても、好奇心を持って、学ぼうとする、生涯教育を目指したいものである。

　私は、ある親睦旅行で、余興として女性たちがフラダンスを踊ったのを見た。そこでは、普段フラダンスと縁もゆかりもないような人たちが、ニコニコ踊っていた。60歳過ぎた高齢者でも、楽しくフラダンスをする能力を持っていると痛感した。幸い仲間に、合唱を指導している越知愛幸子さんがいたので、歌を中心にする高齢者による、高齢者のための、元気づくり集団の構想を相談した。こうして「大正浪漫一座」の旗揚げとなった。

「大正浪漫一座」

　高齢者による、高齢者のための、元気づくり集団「大正浪漫一座」は、歌と踊りを中心に、老人施設などを公演している。歌を歌うことはそれだけで健康に良いし、昔覚えた歌を思い出しながら歌うことは、回想法として脳活性化に繋がる。老人施設では、どこでも喜んでもらっている。これは、歌う座員のほうにも同じことが言える。舞台に立って人前で演じることは、緊張感があり、稽古も必要であるが、それだけに達成感も大きい。これが励みとなって、皆喜んで続けている。最初20人の座員は、今や50人になっている。2004年4月の旗揚げ公演以来、松阪市内の多くの老人施設を始め、三重県内のみならず長野県などの施設でも公演を行って来た。

また、幼稚園・保育園・小学校などでも、童謡・唱歌・本の読み聞かせなどで公演を行っているが、特に「教科書から消えた名曲を歌い継ぐ」ことに力を入れている。
　2005年8月は、終戦60周年に当たり、「平和の集い」として、歌と映画を通して、市民とともに戦時中を思い出し、世界の平和を考えるイベントを開催した。その際、毎年行うべきだという声が多く、第2回、第3回と会を重ねている。
　座員は、人様に舞台で芸を見せる以上、少しでも良いものを見ていただく義務がある。私は、あえてプロを目指せと言っている。そこで、各人の日ごろの研鑽の成果を見て頂く「発表会」を毎年12月に開催している。
　2006年3月、旗揚げ以来の夢であった海外公演「韓国公演」を行った。これは、以前から私が交流してきた韓国大田市の国際交流文化院（金珍培院長）の世話で実現したものである。今回は、韓国在住日本人妻の芙蓉会と慶州ナザレ園の慰問公演と大田市の老人施設の公演という2つの目的を持って行った。高齢になった日本人妻の皆さんは、懐かしい日本の歌に涙を流して喜んでくれた。大田では、韓国の芸能団と共演になり、満員の観衆とともに、「アリラン」と「トラジ」の大合唱の感動は忘れられない。
　2007年4月、北京「スポーツ・文化」市民交流ミッションとして、北京公演を行った。「美しき日本の四季」がテーマの構成であったが、中国公演ということで、中国でヒットした「北国の春」「昴」「償い」などを中国語の歌詞で歌うとともに、「草原情歌」「夜来香」など中国の歌も組み入れた。北京の「東四社区オリンピックセンター」で公演を行った。中国側からも、舞踊や中国武術などの演技があり、最後は、「草原情歌」の日中大合唱で終わった。その後の夕食交流会は、和気あいあいの内に「同一首歌」と別れを惜しむ握手や抱擁でお開きとなった。
　一座の活動は、座員自身の楽しみであり、健康のためでもあるが、その原動力となっているのは、人のため、地域のために、少しでも役立っているという

充実感にある。余生を楽しむということは、良いことであるが、できれば、世のため、人のためになっているという意義のある活動も取り入れてもらいたいものである。

6　百までピンピン・・悔いなく

　健康長寿で百までピンピンを目指すを第一の目標として掲げたが、生身の人間である以上、老化と病気は避けられない。免疫力を高め、老化と病気を防ぐ必要がある。私は、不老への道10か条を提言している。1、小太り（BMI＝25）、2、玄米・5穀・よく噛む、3、野菜多く、海藻も、4、肉少なく、青魚、5、ヨーグルト、納豆、豆乳、6、腹7分、7、ウオーキング30分、筋トレ、8、好奇心・前向き志向・夢・恋、9、禁煙・酒はたしなむ程度、10、歌・踊り・笑いでストレス解消。といっても、古希を過ぎる年齢になると、健康診断で問題がないという人は、ほとんどいない。「一病息災」ということもあり、養生していることが健康につながるということもある。

　私も古来稀なりとされた古希を過ぎ、何時死んでも可笑しくない歳になった。戦時中、私は小学生（当時は国民学校）で、6年の時集団学童疎開をした。今では、「学童疎開」という言葉すら知らない人が多くなっている。戦時中の年代は、一つ年齢が違っても、それぞれの戦争体験が異なるほど大変な時代であった。私も、5年も早く生まれたら、特攻に入って死んでいたかもしれない。それを考えると、平和の時代に長生きできた幸せを痛感する。空腹に苦しみ、白いご飯を夢見た時を考えると、豊かな時代はそれだけで幸せに思えるが、ニートや犯罪に走る若い人たちを見ると、悲しくなる。学童疎開体験者は、戦時中の小学生に限られる。私は、全国疎開学童連絡協議会を結成して、その戦争体験を語り継ぐ運動を続けてきた。『学童疎開の記録』全5巻　大空社（1994年）を初め、数多くの資料の発行や、「学童疎開展」の開催などを行ってきた。

人生を生きることは、この世に何らかの足跡を残すことである。定年後の人生は、20年から40年という長い年月がある。自分で納得の出来るものを、この世に残せるよう、充実した生き方をしたいものである。堀田力氏は、「団塊世代のセカンドライフを充実させる10か条」を提唱されている。その第1条は「したいことを持つ」、第2条は「人の役に立つことをする」である。ついでに、3、人に感謝する、4、配偶者と語らい、楽しむ、5、楽しい仲間を持つ、6、資金計画を含め安心できる人生設計を立てる、7、おいしいものを食べ、飲む、8、体を動かす、9、世間体にとらわれない、そして、第10条は、「いつ死んでも悔いのないように暮らす」である。百までピンピン、そして悔いなくこの世を終わる、これぞ人間として生きた証しである。

【参考文献】
多湖輝（1990）『60歳からの生き方』ごま書房。
木村文勝編著（1999）『少子高齢化の恐怖を読む』中経出版。
三菱総合研究所編（2000）『21世紀日本のデザイン』日本経済新聞社。
大谷羊太郎（2000）『生涯現役のすすめ』ふたばらいふ新書　双葉社。
堀田力（2001）『定年後設計腹づもり』三笠書房。
松谷明彦・藤正巌（2002）『人口減少社会の設計』中公新書　中央公論社。
河村幹夫（2003）『50歳からの人生設計図の描き方』角川書房。
阪上順夫（2003）『21世紀地方都市の活性化』和泉書院。
野口悠紀雄（2004）『超リタイア術』新潮社。
早川一光（2005）『老いかた道場』角川書店。
河村幹夫（2007）『60歳で夢を叶えよう』角川書店。
日本経済新聞生活経済部編（2007）『定年大全』（2007-08）日本経済新聞社。
大正浪漫一座編（2007）『大正ロマンでまちおこし』大正浪漫一座。

執筆者一覧（執筆順）

菊池　理夫　　三重中京大学大学院政策科学研究科教授、同大学地域社会研究所員、法学博士（慶應義塾大学）。

寺本　博美　　三重中京大学大学院政策科学研究科長、同大学地域社会研究所員、経済学博士(中央大学)。

相原　　正　　三重中京大学大学院政策科学研究科教授。

伊藤　力行　　三重中京大学地域社会研究所長。

大西　正基　　三重中京大学客員研究員。

木平　幸秀　　三重中京大学客員研究員。

野上　健治　　福岡工業大学社会環境学部教授。

森　　光雄　　三重中京大学大学院政策科学研究科教授。

上野　利三　　三重中京大学現代法経学部教授、同大学地域社会研究所員、法学博士（慶應義塾大学）。

阪上　順夫　　三重中京大学客員教授、博士（学術、筑波大学）。

地域の政策と科学

2008年3月10日　初版第一刷発行©

編著者　伊　藤　力　行
　　　　寺　本　博　美

発行者　廣　橋　研　三

発行所　和　泉　書　院
〒543-0002　大阪市天王寺区上汐5-3-8
　　　　　　電話　06-6771-1467
　　　　　　振替　00970-8-15043
　　　　　　印刷・製本　亜細亜印刷

ISBN978-4-7576-0460-5　C3336　装訂／濱崎実幸

◆松阪大学地域社会研究所叢書 1〜6 ◆
◆三重中京大学地域社会研究所叢書 7〜 ◆　　　（価格は 5％税込）

書名	著者	番号	価格
伊勢商人　竹口家の研究	竹口作兵衛・中井良宏 監修 上野利三・髙倉一紀 編	1	3675円
尾崎行雄の選挙 世界に誇れる咢堂選挙を支えた人々	阪上順夫 著	2	4725円
地域に生きる大学	中井良宏・宇田光 片山尊文・山元有一 共著	3	3675円
地域政治社会　形成史の諸問題	上野利三 著	4	3150円
21世紀地方都市の活性化 松阪市と小田原市の比較研究	阪上順夫 著	5	4725円
地域文化史の研究 三重の衣食住と高松塚壁画・暦木簡を論ず	上野利三 編著	6	3360円
三重県の行政システムはどう変化したか 三重県の行政システム改革（1995〜2002年）の実証分析	吉村裕之 著	7	4725円
循環型地域社会のデザインとゼロウェイスト	寺本博美 編著	8	3990円